Mathematics

我用数学教素养

教学设计 12 例

陈俊荣——著

中国人民大学出版社
·北京·

目录

推荐序

刘可钦

我刚到中关村第三小学当校长时，陈俊荣老师是学校的数学副主任。当时，她给我的第一印象就是“不问东西”，一心钻在课堂里。后来，她走上了副校长的岗位，承担的任务重了，需要处理的事务多了，但不见她忙乱，每一项任务她都能有条不紊地抓落实；同时，她对课堂教学的研究依然痴迷。

这本书凝聚了陈俊荣老师的实践智慧，也记录了她与老师们一起进行教学探索的心得。这些课例犹如我们教育生活中的家常便饭，看似平凡，却是学生成长最核心、最基础的营养来源。

透过这些课例，我们可以看见一条教师成长路径，可以看出陈俊荣老师的专业精神，她基于实证数据的研究会让教学更加科学、简洁、准确、有效。

书中的课例，有些是公认的教学难点，有些源于教学过程中预设与生成之间产生的冲突等，研究的起点、角度也许不尽相同，但都源于教学实践的“真思考”。陈俊荣老师不断认识教材、学生，并紧跟教育教学发展前沿，保持一种不断思考、不断前进的状态。

为了深度分析教材、学生，陈俊荣老师采取了多种研究方法，这也反映出学校日常教研的基本路径。比如，对教材的分析，有文献研读与分析，有专家访谈等；对学生的前测，除了纸笔测试之外，还可以加上访谈、作业分析等，以了解学生真实的思维路径。教师在深度分析教材、学生后，“明晰学习路径”，以连接教材、学生与课堂实践。创设课堂教学的学习任务、学习支持和学习评价三要素，让学习深度发生，最终实现数学与儿童的美好相遇。

人们常说，当你执着于一件事情时，你就会千方百计地去实现它。确实如此，而实现它的秘诀就是让自己保持学习的心态以及思维的“年轻”状态，这是普通教师成长为研究型教师的必然途径。

陈俊荣老师向书本学，向实践学，向专家学，向同伴学，包括向年轻人学习。有一次，我听她说：“我特别爱和年轻人在一起，他们爱读书，会研究，跟他们在一起我能学到很多。”陈俊荣老师从来没有停止过学习，始终保持汲取营养的状态。书中汇集的这些课例，每一个都不是闭门造车所得，而是她在广泛对话、研讨的情况下，通过一次次探索所得。

学校教育应着眼于学生的未来。在新时代，在人工智能快速发展的背景下，“熟能生巧”的优势可能会荡然无存。我们要主动改变以“教师讲解，增加练习量”为主的单一形式，积极拥抱变化，想方设法让学生主动学习与发现，主动放弃以机械训练、死记硬背为主的做法，即使我们曾经尝到了甜头。我们需要不断更新教学理念，不断创新教学方式，更需要积极、主动地研究学生、研究教学、改进教法。在这方面，陈俊荣老师做出了很好的示范，我们要向她学习，也希望她能够一如既往地研究教学，创造出更多更好的课例。

（刘可钦，北京市海淀区中关村第三小学校长）

前 言

写作这本书的过程，也是自己回望成长历程、梳理教学心得、重新认识教与学的过程——自己走过了一个从“追求高分数”到“用数学教素养”的历程。

工作初期，追求高分数是引领我埋头苦干的精神坐标。

2009年是我职业生涯中的一个重要节点。这一年，我参加了北京市中小学学科教师研修班。

当时，我们研究的主题是“基于单元整体把握的课例研究”。作为指导老师，张丹老师带着我们梳理单元教材，对比不同版本的教材，建立知识间的联系，寻找知识的生长点。本书收入的课例“分数除法（二）”就是当时的研究成果之一。这个成果在“新世纪小学数学杰出人才发展工程首届高级研修班”中作为优秀研究成果分享，得到张丹老师、刘坚老师和蔡金法教授的认可。

这给了我很大信心。研究让我突破自身局限，成为我追寻新的精神坐标的路径。我认识到，仅仅追求高分数是不够的，甚至仅仅完成三维目标也是不够的。学生，作为成长中的“人”，需要全面的营养。数学教学，需要走向用数学育人才行。

2012年，我走上了数学教学的管理岗位。从个人成长到引领团队发展，从面对两个班级的学生到面对全校的学生，责任重了许多。研究曾经深刻影响了我的教育教学生活，因此，我特别期待研究能给团队带来新面貌。8年来，我们走在从数学教学到用数学育人的路上，努力实现“用数学教素养”。

学生数学素养的生长需要整体课程的滋养。培养学生的数学素养，需要发挥课程整体环境的影响，因此我们以“数学好玩”为价值追求，重构数学课程。我们走近学生，了解学生心目中有意思的数学学习是怎样的；与教师对话，从理念与实践两个角度分析老师心目中好玩的数学课堂是什么样子的；倾听专家的建议，从理论的高度探究怎样的课堂才会让学生感受到数学好玩。在此基础上，以“数学好玩”为价值追求的数学课程框架就这样诞生了（如图1所示）。这样的数学课程成就了一批“魔法达人”“数学演说家”“数学发明家”等，学生逐渐从亲近数学到走进数学，甚至爱上数学。数学素养就这样悄然形成。

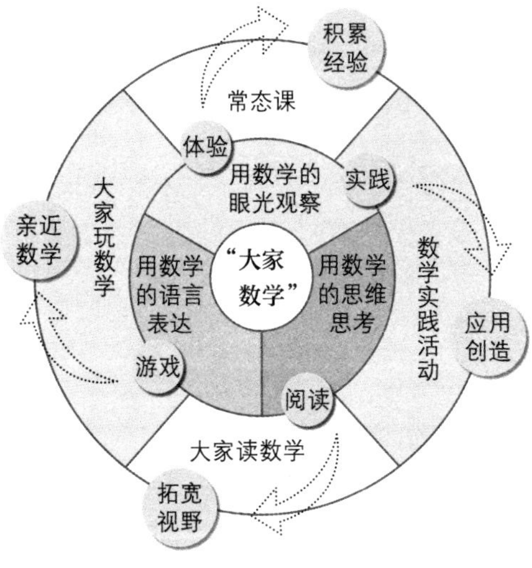

图1

学生数学素养要在课堂中生长。学生数学素养的生长，不能毕其功于一役，需要在一节节课中落实，这就需要目标统一、内涵丰富的课堂实践。我们立足中关村第三小学“真实的学习”这一课程价值追求，设计“真实的情境”“真实可感的活动”，营造“有问题，有互动”的学习文化，给学生提供有力的学习支持。经过这样的建设，课堂变得有力量、有营养，学生在这样的课堂中能够实现数学素养的生长。

教素养需要更加科学的思考与实践。具体到一节节的数学课，究竟应该落实哪些核心素养？通过何种方式落实？落实效果如何？要回答这些问题，必须进行基于实证数据的教学研究与实践。为此，我们从单元视角思考教材的设计意图；分析学生，了解学生的思维路径，发现素养生长路径；在课堂实践中让学习真实发生；进行教学反思，听取专家的意见，为更好地教素养蓄力。

在学生数学素养的发展过程中，要充分发挥教师的作用。作为教师，我们要发现素养生长的可能，确定通过什么样的内容、活动和材料等来实现素养落地。

用数学教素养，路长且艰，但我的信念坚定。更幸运的是，有很多伙伴、师友和专家与我同行、给我支持。我们一起摸索、争论、思考、沉淀、实践。

现在，我把自己的一点儿思考和实践整理出来，既是对自己过去的总结，也希望能给自己留点儿美好的回忆。如果这本书能够带给读者一些启发，我将备感荣幸。

启程篇

重视研究

启程篇主要阐述以下几个问题：如何从单元视角整体把握学科目标，如何了解学生的思维路径，如何设计“真实的情境”“真实可感的活动”（学习任务、学习支持和学习评价），如何营造“有问题，有互动”的学习文化。

从单元视角进行整体思考

在长期的教学过程中，我们习惯一课时一课时地教。也许我们对每课时的教学目标了然于胸，但是，我们了解每个单元应该达成什么目标吗？课时之间有哪些内在的联系？在教学过程中如何让不同课时彼此协调、支持？一个单元内课时的分配与设计是否符合学生的学习路径？这些都是我们需要直面的问题。要想让学习真实发生、深度发生，要落实学科核心素养，我们就要从单元视角进行整体思考。

一、从单元视角进行整体思考，能提升教师的课程意识

从单元视角进行整体思考为教师提供了课堂变革的基本思路，能提升教师的课程意识。从一节节课到一个个单元，从基本知识、技能到数学核心素养，这些转变促使教师不断思考数学学科的本质特征，走近学生，发现学生的思维习惯与学习路径，并寻找让儿童与数学美好相遇的可能路径。在探究、设计和实践的过程中，教师的课程意识不断发展。

二、从单元视角进行整体思考，能促进学科核心素养落地

从单元视角进行整体思考，分为两个阶段。

第一个阶段是从2012年开始的“基于单元整体把握的课例研究”。在梳理教材的基础上，确定各个单元要发展的学科核心素养，把握单元内各课时知识之间的联系，根据知识的连接点设计活动，从而实现“三维目

标”，落实学科核心素养。在这个阶段，核心素养与学习活动之间的联系不是很紧密。

第二个阶段是从2019年开始的“大观念下的单元教学设计”。聚焦数学核心内容，提炼更有价值的可迁移的大观念，在核心素养和学习活动之间搭建桥梁。根据大观念设计单元关键问题以及与之匹配的学习活动，使深度学习真正发生，促进核心素养落地。

这里以“圆柱与圆锥”单元为例，阐述如何从单元视角进行整体思考。在梳理课程标准和教材的基础上，在张丹老师的指引下，我们提炼了“圆柱与圆锥”单元的具体观念，即可以通过观察与还原、展开与折叠、切割与累积以及旋转等实现立体图形与平面图形的转化。这可以帮助学生获得对圆柱、圆锥的表面积和体积的猜想，还可以发展学生的直观想象、推理能力和创新意识。为了避免课堂教学中普遍存在的教师设问随意、缺乏整体性等问题，我们根据具体观念设计了单元关键问题。

问题一：圆柱和圆锥，通过展开、从不同方向看、切割等，你可以得到哪些平面图形？

问题二：如何通过折叠、累积、旋转和还原等得到圆柱或圆锥？

问题三：从上面的活动中，你可以得知圆柱、圆锥的哪些特征？获得关于表面积和体积等的哪些发现和猜想？如何验证它们？

“大观念下的单元教学设计”聚焦数学学科的大观念、数学核心素养，有助于学生掌握数学基本知识和基本技能，发展数学基本思想，积累基本活动经验。在单元学习的过程中，学生往往解决的是具有代表性的一类问题，这有利于知识、方法的迁移，进而提高学生解决问题的能力。因此，从单元视角整体思考，更有利于学生成长。

基于学生视角开展学习研究

2014年，在“数学好玩”这一价值追求的指引下，学校开始规划数学课程建设。通过调研，我了解到学生的学习不是被动发生的，教师应从学生视角思考课程、思考教学。

在践行学校课程建设的价值取向——“真实的学习”的过程中，我不断反思“何为真实”。我想，只有从学生视角出发，教师才能发现学生真正的最近发展区，才会有真实的学习的发生以及小学数学核心素养的真正落实。

那么，如何基于学生视角开展学习研究，从而发现学生真正的最近发展区？在实践中，我寻找到了三个重要的研究角度：学习起点、学习困难、学习路径。

一、找准学习起点

美国教育心理学家奥苏贝尔指出：“如果我不得不把教育心理学的所有内容简约成一条原理的话，我会说：影响学生学习的最重要的因素是学生已知的内容。弄懂了这一点以后，进行相应的教学。”[①]可见，学生原有的知识和经验是教学活动的起点。对教师来说，真正把握学生的学习起点至关重要。

① 张春莉，刘怡．基于学生学习路径分析的教学路径研究 [J]. 中小学教师培训，2015（9）．

例如，在教学四年级上册“图形与几何总复习”之前，我进行了调研。结果显示，33份学生作品中，涉及图形运动内容的只有8份，所占比例仅为24.2%。在这8份学生作品中，7份作品展现的都是教材中呈现的活动角或平移图，只有1份作品展现的是将一条线通过旋转形成了角。我发现，学生习惯从静态的视角认识图形，对图形的运动关注较少，从动态的视角认识图形的能力较弱。由此，我确定了“动静相宜，发展学生的空间观念”的学习主题。

二、了解学习困难

学习困难，既有可能阻碍学生学习，也有可能成为促进学生深度学习发生的关键点。学生对学习困难的攻克正是教学的精彩之处。但是，教师需要提前了解学生的学习困难，只有这样，教师才能为学生的深度学习提供必要的支持，才能找到教与学的真正着力点。例如，教学二年级下册“认识角”之前，我进行了调研。我通过学生在指角活动中的不同表现，发现了学生的认知难点——对角的认知模糊。学生对角有一定的了解，但他们的认识是模糊的。比如，角的边到底应该是直的还是弯的，很多学生并不清楚。我根据这一学习难点，设计了多种操作活动，引导学生正确、全面地认识角。

三、明晰学习路径

“新课程强调教学中要让学生经历知识形成和发展的过程，所以教师在教学设计时要充分基于学生学习路径的分析，梳理出教学路径的呈现顺序或讨论提问的顺序、处理每种思维的重点详略、再次归类的方式等。”[①] 由此可见，明晰学生的学习路径，有助于教师厘清教学路径，选择合适的教

① 张春莉，刘怡．基于学生学习路径分析的教学路径研究［J］．中小学教师培训，2015（9）．

学方法和手段。

例如，面对五年级上册“尝试与猜测”这一学习内容，我在前期分析教材时发现，不同版本的教材提供了很多教学路径。人教版教材呈现了列表尝试、列式假设、列方程这三种策略；苏教版教材呈现了用直观图尝试、从中间列表尝试这两种策略；北师大版教材只呈现了列表尝试这一种策略。同样是“鸡兔同笼”结构的数学问题，不同版本教材呈现的解决问题的策略却不尽相同，这样的学习素材所承载的价值到底是什么？我决定研究学生，根据学生的学习路径确定自己的教学路径。

又如，面对五年级上册“摸球游戏”这一学习内容，人教版教材的设计思路，是引导学生将每次摸球的数据汇总求和，然后根据汇总后的数据来判断。但是，学生真正的学习路径并不都是这样的。经过调查发现，仅有13.3%的学生是采用汇总求和的方法判断的，63.4%的学生是根据频次判断的，还有23.3%的学生不能采用正确的方法处理数据。在这节课中，我研究了学生的数据分析观念发展水平，尊重学生的数据处理方式，据此确定教学路径，最终实现了数学与儿童的美好相遇。

创设课堂教学的 ASA 三要素

在中关村三小，教师们将“真实的学习”作为课程建设的价值取向和实践主线。我们提出：“‘真实的学习’就是让学生在真实的学习情境中，学习解决真实世界的问题，在解决真实世界问题的过程中养成积极行为，习得知识，获得能力，丰富交往，形成品格。”这与王永春提出的数学素养落实路径有相通之处。他指出：“数学素养是学生在数学活动中通过对数学的体验、感悟和反思，面对数学问题或者真实情境中的问题所表现出的能够抽象出数学概念、命题和模型，并运用逻辑推理和运算解决问题的一种综合性特征。”[①] 我们的每一节课都需要从真实的任务、解决真实问题的过程和学习结果三个方面去思考。基于这样的理解，我们创设了课堂教学的ASA[②] 三要素。

荀渊在《未来教师的角色与素养》一文中指出，未来教师的角色将呈现出多样性与专业性的结合，成为学生学习过程的领航员、学生学习的评估者、学习情境的创设者、学生发展的交流者、学习资源的开发者和专业成长的自主学习者。在我们的实践中，教师角色的多样性与专业性恰恰体现在创设课堂教学的ASA三要素。

① 王永春．小学数学核心素养教学论 [M]. 上海：华东师范大学出版社，2019：21.

② ASA 指 Assignment（学习任务），Support（学习支持），Assessment（学习评价）。

一、设计真实的、开放的、有挑战性的任务，让学生“进得来”

教师如果设计出真实的、开放的、有挑战性的任务，一节课就成功了一半。只有真实的、开放的、有挑战性的任务，才能抓住学生的思维兴奋点，才能让学生“进得来”，让真实的学习开始发生。

真实的、开放的、有挑战性的任务，可以从以下三个方面获得：一是真实的生活情境中的有挑战性的任务；二是虚拟情境中的任务；三是揭示数学学科本质的关键任务。“任何知识要具有生命力，都必须作为一个‘过程’存在于一定的生活场景、问题情境或思想语境之中。”[①]学习任务的情境化设计，把儿童生活与数学世界连接起来，有利于学生经历知识的再创造、再发现。

例如，教学四年级下册“平均数”一课时，我提供了一个真实的问题：“我家的用水量在小区里是偏低还是偏高呢？”为了解决这一真实的生活问题，学生需要经历收集数据、分析数据和得出结论这一完整的过程。从一开始，学生便进入了调查用水量这一真实的学习任务之中。

又如，教学六年级下册“变化的量”一课时，我则设置了一个动画片《熊出没》中的角色熊二和向日葵比身高的情境。“熊二想看看自己的身高情况，找了一棵向日葵，在上面做了一个标记，记录自己的身高。结果过了一段时间，熊二发现自己居然‘变矮’了，之前的标记比自己更高。”面对这一虚拟情境，学生需要进行研究、分析。学生体会到，在生活中存在很多的量，有的量在不断发生变化，有些变化量之间有关系，有些变化量之间则没有关系。这样的虚拟情境，可以引导学生从数学视角理解生活中“变化的量”，把学习不断引向深入。

为了让学习任务更加真实、开放、有挑战性，我们可以从以下三个方面深度研究。第一，“低门槛”，要让所有学生都能够参与进来。第二，在激发学生的学习动力和兴趣的同时，为学生营造自主探究、创造的整体

① 郭晓明，蒋红斌．论知识在教材中的存在方式［J］．课程·教材·教法，2004（4）：5.

空间和场域。在这个较为完整的探索过程中，学生需要付出一定的认知努力。第三，学生根据任务要求以及自身的认知水平和能力，选择不同的材料资源，设计不同的方案，进而呈现出不同的思维水平和活动成果，这也为师生、生生互动提供了可能性。

需要特别说明的是，设计出这样的任务之后，教师需要从任务内容、学习方式、呈现结果和交流互动等方面对学生提出明确要求，以帮助学生更好地理解任务。

二、提供学习支持，让学生“钻得深”

面对真实的、开放的、有挑战性的任务，一些学生不可避免地会遇到学习的“卡点”。如果以教师讲授或学生讲授的方式解决问题，学生未经历探索过程，可能就会造成对概念的理解不够深入等问题。

教师要为学生提供充分、恰当的学习支持，让学生在自主探究的过程中“钻得深”。

教师主要为学生提供以下学习支持：为学生提供学习单、拓展资料等；在课堂上适当追问；在学习空间里张贴关于阅读方法、合作规则和研究方法等内容的海报；示范并引导学生用专业的学科语言表达自己的观点；提供材料，让学生动手操作；等等。

例如，学习四年级下册“密铺”一课时，面对任意四边形，有的学生认为“能密铺”，有的学生认为“不能密铺”。我没有急于给出答案，而是给学生提供学具，让学生动手摆一摆、画一画，尝试通过自主探究突破卡点。

又如，在六年级下册“圆柱与圆锥”这个单元，我设计了系列学习单来帮助学生学习。一方面，学生可以把学习单作为一种思维工具，不仅要思考“是什么”“为什么”，还要思考“是怎么想到的”，从而调动原有的生活或学习经验。另一方面，学习单可以使学生的思维外显，展现每一个学生的思维路径和思维结果。这便于教师了解和跟进学生的探究活动，提供必要的学习指导，促进学生的个性化学习。

三、科学评价，让学生的成长“看得见”

我们设计了包括四个维度的评价，以引导教师的教和学生的学。评价既要关注学生的“整体发展”，又要关注学生的“真正发展”。这也正是“真实的学习”所追求的。

1. 知识技能。教师不仅要关注学生的学习结果，更要关注学生的思维过程。

例如，教学五年级下册“分数除法（二）”一课时，我不仅关注学生是否掌握了计算方法，更关注学生获得“颠倒相乘”法则的过程，也就是掌握算理，从而发展学生的运算能力。

2. 交流互动。教师要关注学生分享交流的内容、对关键要点的提炼和表达能力等。

3. 协商合作。教师要培养学生的团队协作能力，引导学生遇到问题时主动寻找支持与帮助。

4. 任务管理。教师要引导学生明晰学习任务，规划研究的方法和步骤等。

例如，教学六年级下册“圆柱与圆锥”这个单元时，学习完“圆柱的认识”之后，我给学生布置了开放的、有挑战性的任务：“圆锥是小学阶段学习的最后一个立体图形，如果让你研究的话，你打算从哪些方面研究？把你的认识和猜想等填写在学习单上。”这需要学生将对圆柱的认识经验迁移到对圆锥的认识上，并规划自己的研究方法和步骤等。

另外，每节课即将结束的时候，教师可以提这样一些问题：在学习过程中，你有什么收获？获得了什么样的学习方法？你遇到了什么困难？是如何解决的？还有什么新的问题？这不仅能促进学生反思和总结，而且为学生的思考打开了另一扇窗。课堂的结束不是学习的结束，而是学习的另一个开始。

营造“有问题，有互动”的学习文化

场景一：在学习“长方体的体积”的过程中，教师用课件出示了大小不同的长方体，点击鼠标，出现了每个长方体的长、宽、高的数据。接下来，教师开始讲授：“我们计算长方体的体积，其实就是计算长方体中有多少个体积单位。我们可以把长、宽、高相乘，这样就能计算出有多少个体积单位了。所以，长方体的体积=长×宽×高。”

场景二：在学习“分数除以整数”的过程中，学生1发表自己的看法：“我把一张纸平均分成5份，给其中4份涂上颜色，然后把这4份平均分成2份。”教师紧接着回应道：“你把纸平均分成5份，涂了其中的4份，然后把这4份平均分成2份。”每个学生回答完，教师都简单地重复学生的回答。

这样的场景，也许我们都见过。这样的课堂是无力的，教与学似乎都是蜻蜓点水，学习并未真正发生，更不用谈小学数学核心素养的落实了。

为了让学习真实发生、深度发生，并落实小学数学核心素养，我们提出营造“有问题，有互动”的学习文化。

为什么要“有问题”？美国数学家哈尔莫斯说：“问题是数学的心脏。”儿童的学习过程就是一个不断发现问题、提出问题、分析问题和解决问题的过程。正如一名儿童这样描述自己对学习的理解：“学习就是你带着很多很多的问题，然后尝试去解决它们，接着又产生了很多很多新的问题，再去解决，如此反复的过程。”

为什么要“有互动”？有人这样比喻：课堂上教师和学生的互动，就像打一场沙滩排球，教师或学生发出的球，有时能顺利接住，有时需要跳起来，几人合力托起，有时会眼睁睁地看着它滚出界外……《义务教育数学课程标准》（2011年版）明确指出：“教学活动是师生积极参与、交往互动、共同发展的过程。”由此可见，“有问题，有互动”的学习文化，能促使学生不断地思考、探究，能让课堂变得更加灵动，充满思维碰撞的火花。

在教学中，教师要呵护并激发学生发现、探究“真问题”的意识，鼓励他们分享彼此的思考、经验和知识等，丰富教学内容，让学习真实发生。

那么，如何在实践中营造“有问题，有互动”的学习文化呢？

一、在学生心中种下“问”的种子

我们要用各种方式，在学生心中种下“问”的种子，并在教学过程中呵护它，让它慢慢发芽、生长、开花、结果。

1. 使用否定假设法，让学生的问题从“无”到“有”。

布朗与沃尔特指出，提出问题的一种很有用的方法是“否定假设法”（what-if-not），即“如果它不是这样的，那又可能是什么”。这个策略可以简化为两个步骤：第一，列出情境信息的特征；第二，学生选择一些特征加以改变，从而提出问题。

例如，在学习完加法交换律之后，教师可以运用否定假设法这样教学。

师：刚才我们已经学习了加法交换律，我们还可以进一步研究和思考什么问题呢？

生1：我想知道有没有乘法交换律？

师：谁听懂了他的问题？他是怎么想到这个问题的？谁还能再提出问题？

生2：他就是把“加法”换成了“乘法”。我还能提出问题，比如，减法、除法有交换律吗？

师：谁能总结一下，他们俩都是怎么来提问的呢？

生3：他们俩就是抓住“加法交换律”中的“加法”，然后将“加法”变为其他的运算，想知道其他的运算是否也存在交换律。

师：你说得真准确，其实就是调整其中的一部分，保留另一部分，这样就能提出问题了。

2. 引导学生自主探究，让问题由“表”及“里”。

教师可以设计学习任务，让学生自主探究，不断提出有深度的问题。例如，学习四年级下册“密铺”一课时，学生一开始针对课题“密铺”提出了“什么是密铺”“密铺有什么用”“什么图形可以密铺”等问题。在学生知晓密铺的含义之后，教师引导学生针对“什么图形可以密铺”动手操作，并把自己的新发现及新问题记录在学习单上。在这样的自主探究过程中，大部分学生不仅有了一些发现，例如，有些图形可以密铺，有些图形不可以密铺，而且提出了更有深度的问题，比如，“为什么有些图形可以密铺，有些却不可以密铺”。从“什么是密铺”到“什么图形可以密铺”，再到“为什么有些图形可以密铺，有些却不可以密铺”，学生提的问题逐渐深入。

二、营造民主、安全的课堂氛围

心理学家研究表明，儿童处在安全、放松的环境中，能释放出更多的能量。我们提倡建立民主、平等、相互理解和彼此尊重的师生关系，让每一个学生在课堂上都有所发展，有获得感。对思维活跃、喜欢表达的学生，教师逐步引导他们把问题或观点说得更有条理一些；对性格内向、羞于表达的学生，教师给予他们更多的表达机会，及时肯定他们的发言中对的部分，帮助他们逐步建立自信；对数学能力发展较慢的学生，教师应该多些耐心，等他把话说完，并适当引导：“你刚才说的是这个意思吗？”民主、安全的课堂氛围，能够激发学生主动学习的热情，点燃学生头脑中的小宇宙，让学习真正成为课堂的主旋律。

三、建立课堂约定

教师要和学生一起建立课堂约定并共同遵守。

比如，对刚刚入学的小学生，课堂约定可以是这样的：当同伴发言时，眼睛要望着发言人；同意点点头，感觉精彩鼓鼓掌；小组交流时声音像小蜜蜂；全班发言时声音像金话筒；质疑时要说“这个问题你是怎么想到的？”。

随着年级的升高，课堂上的讨论、交流更注重实效性。生生之间、师生之间应逐渐形成这样的话语模式：“我欣赏（我认同）×××的观点……”“我不同意你这个观点，我想补充……”发言人经常这样说：“我说清楚了吗？大家还有什么问题或有什么需要补充的吗？”“感谢你的聆听！”

好的课堂约定，能引导学生尊重同伴，用心倾听，大胆表达自己的观点，促使对话与协商、分享与表达走向深入，进而形成良好的学习氛围和学习文化。

四、充分发挥教师课堂评价的激励和引领作用

教师的课堂评价语言要具体、生动，既要关注结果，又要关注思考过程。教师可以从学习态度、方法、过程和效果等方面来评价，充分发挥评价的激励和引领作用。评价主要是为了挖掘学生的学习潜力，促进学生全面发展。教师及时、恰当的评价对学生来说至关重要。

例如，在小组合作、讨论的过程中，教师可以建议学生按照约定的顺序进行交流，目的是让每一个学生都有表达自己观点的机会。在小组讨论的最初阶段，常常由小组长或数学智能比较突出的学生掌握话语权。针对此现象，教师可以这样评价、引导：“刚才老师巡视的时候，发现这个小组的同学合作特别愉快，互相尊重。每个同学都讲了自己的方法，而且声音像小蜜蜂，没有打扰到其他同学。老师特别感动！”这几句点评，看似云淡风轻，实则指向小组合作的规则。

又如，在全班交流分享的时候，学生往往只关注自己的想法，在倾听这个环节容易走神，常常是针对同一个问题，各说各的。教师可以这样引导：“我特别欣赏这位同学。别人说的时候，他听得特别专注，一会儿点头表示同意，一会儿皱起眉头，陷入深思。而且这位同学在前一位同学发言的基础上，提出了自己的见解。让我们把掌声送给这位会倾听、会思考、会表达的同学！”教师通过具体、生动、真实的评价，引导学生如何合作，如何倾听。这也是营造“有问题，有互动”的学习文化的有效策略。

我们应营造“有问题，有互动”的学习文化，让每个学生“敢问、想问、会问、爱问”，“敢交流、想交流、会交流、爱交流”。每个学生都有可能成为学习的发起者，教师应珍视并关注每个学生解决问题与交流的过程，了解学生的思维路径等，让学习真正发生。

实践篇

真实学习

实践篇呈现了12个课例，诠释了如何研究教学，以深度教学引领真实的学习，最终实现学科育人，落实小学数学核心素养。

所有课例含有两条思考主线——分析教材和分析学生。分析教材，一般包括分析知识基础、教材编写思路和教育教学价值等；分析学生，关键在于了解学生的思维路径，即学生是如何思考的。

我们从真实的教学问题出发，寻求“真实的学习”发生的可能路径，并付诸实践，形成落实小学数学核心素养的具体方案，以实现儿童与数学的美好相遇。另外，听取专家的意见，为教学探索增加新的可能，为更加深入地研究、更加真实地学习蓄力。

第一辑
数与代数

两种模型相伴，理解十进关系
——“认识小数”单元教学实践与思考

【发现问题，开启研究】

“认识小数”单元的学习应该遵循什么路径呢?

小数是小学数学中重要的数学概念，它与分数关系密切。小数的产生是为了满足人类生活的需要，所以在日常生活中小数普遍存在。从数的产生来看，小数产生于分数之后，它是十进分数的一种特殊表示形式。对分数与小数，不同版本的教材编排顺序不同。有的是先认识分数再认识小数，有的是先认识小数再认识分数。那么，“认识小数”单元应该选择哪种学习路径呢？其背后的思维路径又是什么呢?

【聚焦教材，从单元视角思考】

利用具有十进关系的生活模型，帮助学生认识小数。

通过对比不同版本的教材可以发现，分数与小数的学习，主要有两种路径。人教版和苏教版教材，是先认识分数，再认识小数，然后是小数的再认识；北师大版教材，是先认识小数，再认识分数，然后是小数的再认识。

路径一：认识分数—认识小数—小数的再认识

以人教版教材为例（如图1所示）。该教材的编排是先通过面积模型初步认识分数，在认识分数的基础上再认识小数，并建立分数与小数之间的联系。在认识小数部分，该教材先通过直观体现十进关系的长度模型认识小数，并建立分数与小数之间的联系，然后通过人民币模型认识小数。小数的再认识，则由借助模型认识小数转为抽象认识小数。

①认识分数

②认识小数

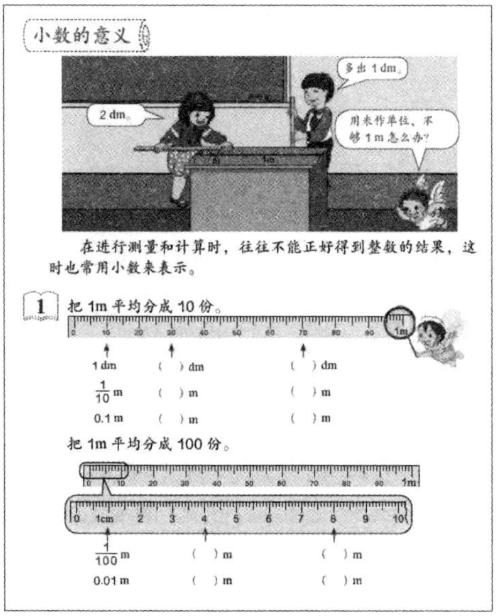

③小数的再认识

图1

从分数到小数，再到小数的意义，遵循了数学知识的学习路径。这种观点认为，小数产生于分数之后，而且小数的产生与分数有关，先学习分数再学习小数，能够让学生体会到小数实质上是十进分数的一种特殊表示形式。

路径二：认识小数—认识分数—小数的再认识

以北师大版教材为例（如图2所示）。该教材的编排是先借助人民币模型，从生活角度直观地认识小数，积累认识小数的基本活动经验，然后通过面积模型认识分数。与路径一不同的是，这时小数和分数之间还没有建立关联。在认识小数和认识分数的基础上，借助十进分数再次认识小数，即从数学的角度正式学习小数的意义。小数的再认识，涉及人民币模型、长度模型、面积模型等，最后脱离模型抽象认识小数。

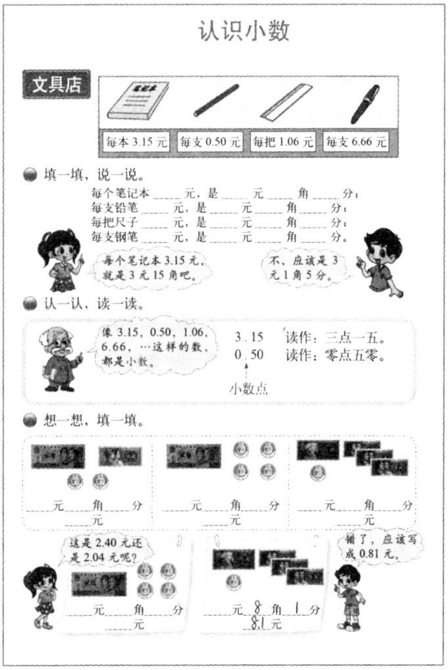

认识小数

文具店

每本 3.15 元　每支 0.50 元　每把 1.06 元　每支 6.66 元

填一填，说一说。

每个笔记本____元，是____元____角____分；
每支铅笔____元，是____元____角____分；
每把尺子____元，是____元____角____分；
每支钢笔____元，是____元____角____分。

认一认，读一读。

3.15　读作：三点一五。
0.50　读作：零点五零。
小数点

想一想，填一填。

____元____角____分　____元

____元____角____分　____元

____元____角____分　____元

____元____角____分　____元

____元 8 角 1 分　8.1 元

①认识小数

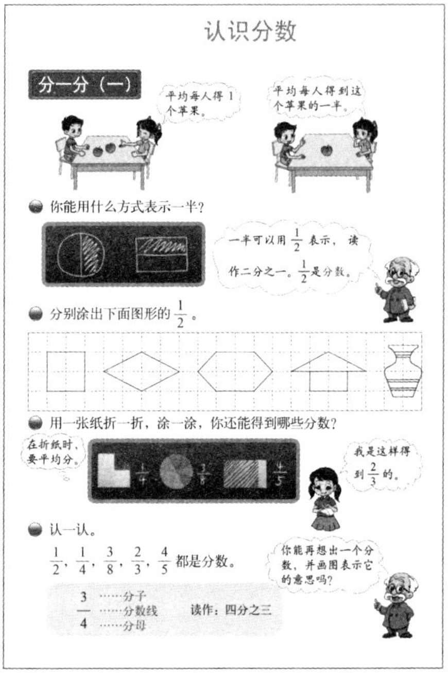

认识分数

分一分（一）

你能用什么方式表示一半？

分别涂出下面图形的 $\frac{1}{2}$。

用一张纸折一折，涂一涂，你还能得到哪些分数？

认一认。

$\frac{1}{2}$，$\frac{1}{4}$，$\frac{3}{8}$，$\frac{2}{3}$，$\frac{4}{5}$ 都是分数。

3 ……分子
— ……分数线
4 ……分母
读作：四分之三

②认识分数

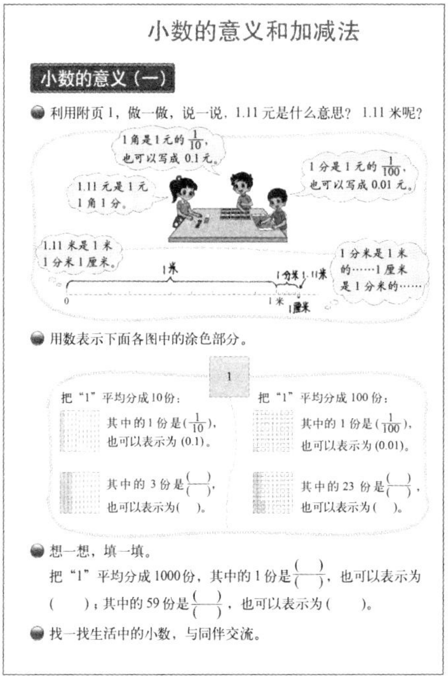

小数的意义和加减法

小数的意义（一）

利用附页 1，做一做，说一说，1.11 元是什么意思？1.11 米呢？

用数表示下面各图中的涂色部分。

把“1”平均分成 10 份：
其中的 1 份是 $(\frac{1}{10})$，也可以表示为 (0.1)。
其中的 3 份是 $\frac{(\quad)}{(\quad)}$，也可以表示为(　)。

把“1”平均分成 100 份：
其中的 1 份是 $(\frac{1}{100})$，也可以表示为 (0.01)。
其中的 23 份是 $\frac{(\quad)}{(\quad)}$，也可以表示为(　)。

想一想，填一填。

把“1”平均分成 1000 份，其中的 1 份是 $\frac{(\quad)}{(\quad)}$，也可以表示为(　　)；其中的 59 份是 $\frac{(\quad)}{(\quad)}$，也可以表示为(　　)。

找一找生活中的小数，与同伴交流。

③小数的再认识

图2

先借助人民币模型初步认识小数，然后认识分数，最后沟通分数和小数之间的联系，这一学习路径遵循了学生的认知规律。这种观点认为，小数的产生与生活中的度量是分不开的，小数扩充了整数的位值，而且小数比较容易学，与生活关系密切，可以通过生活中的模型认识小数。

《义务教育数学课程标准》（2011年版）是这样描述数感的："数感主要是指关于数与数量、数量关系、运算结果估计等方面的感悟。建立数感有助于学生理解现实生活中数的意义，理解或表述具体情境中的数量关系。"数学与生活密不可分，生活中涉及小数的地方也非常多。比如，小朋友的身高是1.45米，物品的重量是2.5千克，学生的考试成绩是99.5分……

著名数学教育家张奠宙教授等人在《小学数学研究》一书中指出，学生在生活中小数的经验远比分数要多，学习小数有充分的实践基础。另外，小数的出现，是基于十进制表示数量的需要，是十进制计数制度向相反方向的延伸，也是数系的第一次扩展。这里的扩展包含两个层面：一是符号层面上，小数与整数都符合十进位值制；二是运算层面上，小数与整数的运算规则相同。

基于以上分析与思考，我认为"认识小数"的学习要遵循学生的认知规律，遵循"认识小数—认识分数—小数的再认识"这样的学习路径。小数在日常生活中有着广泛的应用，小数的学习能够与学生的生活建立联结。另外，学生有丰富的整数学习的经验，尤其是十进位值制计数系统以及整数的四则运算法则能够对小数的学习形成正迁移。

我们再具体走进"认识小数"这一单元，看一看北师大版教材是如何编排的（如图3所示）。本单元共有五课时，前四课时借助人民币模型认识小数，包括小数的认识、比大小和简单的加减运算。第五课时拓展到借助长度模型认识小数，只停留于认识，没有深入地开展研究。

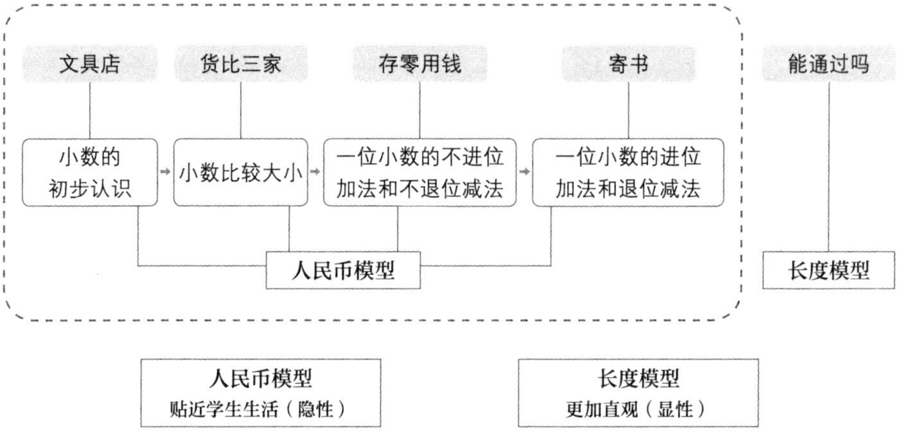

图3

通过单元教材分析我们可以发现，北师大版教材着重让学生体验人民币模型，同时拓展了长度模型。这两种模型有不同的优势。学生特别熟悉人民币模型，日常生活中经常能够看到；长度模型则更加直观，如长度单位中的1米等于10分米，它在生活中可见但并不常见。这两种有着十进关系的生活模型能够很好地让学生感受小数的十进关系，有助于学生对小数意义的直观理解。

那么，学生的元认知中，小数模型有哪些？整数的学习对小数的学习有哪些影响？我们需要走近学生。

【走近学生，发现生长可能】

学生认识小数的模型单一，并受整数知识负迁移的影响。

小数在生活中广泛存在，学过小数的学生，其小数模型是否丰富？没学过小数的学生能想到哪些生活模型？我对四年级学生（三年级时学习过“认识小数”）进行了后测，对三年级学生（没学过小数）进行了前测。

对四年级学生的调研题目是：看到3.15，你能想到什么？调研结果如表1所示。

表1

	四年级A班	四年级B班	举例
人民币模型	23（62%）	16（46%）	我想到了3元1角5分
长度模型	0	0	无
将小数看成一种符号	7（19%）	11（31%）	日历3月15日
	4（11%）	2（6%）	3和15的和是18
没有联系模型	3（8%）	6（17%）	我能想到这是一个小数

调研发现，四年级学生虽然初步认识过小数，也体验过长度单位在小数中的应用，但一年多时间不再学习小数，很多学生对小数的认识停留在人民币模型上。

另外，部分学生想到3.15是一个小数，但并没有赋予情境。我对这部分学生进行追问，他们想到的仍旧是人民币模型。

还有一小部分学生并没有想到3.15是一个数，认为它是一种符号，一种数学表达，如三年级15班、3月15日。

可见，虽然学生生活中有丰富的小数模型，但是由于缺乏具体的教学指导，很多学生对小数的认识仍停留在表面。

那么，没有学过小数的学生对小数的理解处于什么水平呢？我对三年级学生进行了调研。调研题目是：面包标价1.99元，是多少钱？调研结果如表2所示。

表2

答案分类	人数	百分比
面包是1元9角9分，1.99是一个面包的钱	23人	57.5%
1元+99角=1.99元	15人	37.5%
1元+10角×9+1分×9	2人	5%

从调研结果可以看出，有57.5%的学生能够根据生活经验理解小数中每一个数字对应的实际意义；有37.5%的学生认为小数部分的99代表99角，这源于整数知识的负迁移，学生把小数部分按照整数计数方法计数，这也是我们在教学中应该着重关注和明晰的；还有5%的学生不能明确小数中每一个数字的含义，但能联系到人民币单位。

【寻找方向，明晰学习路径】

借助体现十进关系的生活模型，感受小数是自然数十进位值制的延伸，理解小数可以用来表示现实生活中比1小的数量。

结合以上思考，我确定了本单元的学习目标和重点、难点。

单元学习目标：

1. 借助人民币和长度等有十进关系的生活模型，感受小数产生的必要性，理解小数可以用来表示现实生活中比1小的数量，建立实际生活与小数的联结。

2. 结合生活模型会认、读、写简单的小数，能比较简单的小数的大小，会计算简单的小数加减法，在小数比较、加减法计算的过程中再次感受小数的意义。借助生活模型，感受小数是自然数十进位值制的延伸。

3. 通过实际操作，感受小数的意义，在反复提问、解决问题的过程中，加深对小数的理解。

学习重点、难点：

1. 借助人民币模型和长度模型，感受小数的十进关系。

2. 感受小数是自然数十进位值制的延伸。

为了达成学习目标，我对“认识小数”这个单元进行了重新组合（如图4所示）。

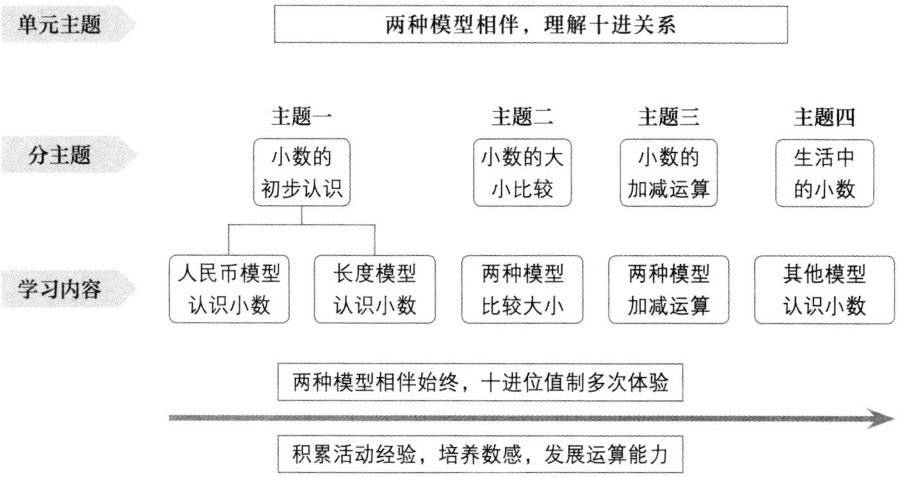

图4

我将本单元按照四个主题重新架构。主题一是“小数的初步认识”，借助两种有着十进关系的生活模型能够很好地让学生感受小数的十进关系，有助于学生对小数意义的理解。因此，我将借助长度模型认识小数这一内容前移。主题二“小数的大小比较”和主题三“小数的加减运算”都借助人民币模型和长度模型，让学生在具体操作的过程中感受小数的意义。小数的加减运算，北师大版教材安排了两课时，分别是不进退位加减法和进退位加减法。在教学前我对学生进行了前测，发现学生能够完全正确计算小数不进退位加减法，因此我将这两课时合并为一课时。主题四“生活中的小数”是新增加的课时，将小数拓展到生活中的其他模型，让学生再次感受小数的意义。

【课堂实践，学习真实发生】

第一课时：借助人民币模型认识小数

环节一：利用元、角、分表示小数，让学生初步感受小数的意义。

1. 创设“微信红包”情境，激发学生对小数的研究兴趣。

2. 聚焦一个小数，让学生写一写、摆一摆，初步感受小数与元、角、分的对应关系，感受小数的意义。

教师展示微信红包收了3.14元。

3. 操作活动：3.14元是多少钱?

活动要求：

（1）把你想到的钱数写出来。

（2）用人民币摆一摆。

（3）时间为3分钟，独立完成。

学生在黑板上呈现自己的想法（如图5所示）。

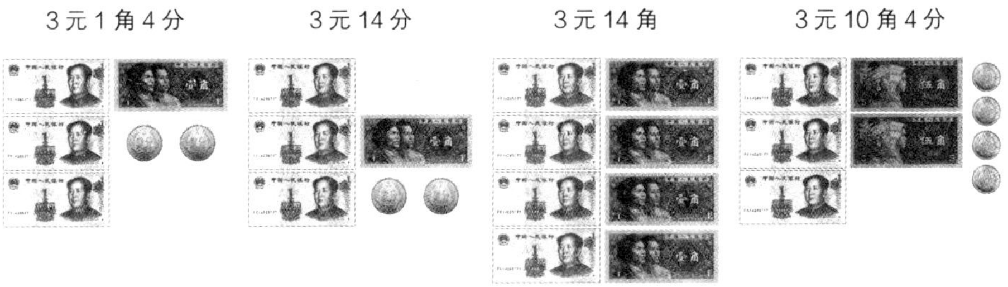

图5

学生辨析这些想法有哪些相同点和不同点。

4. 教学片段。

师：大家都觉得老师的红包里有3块多钱，可是对后面的14大家的想法却不一样。有人认为是1角4分，有人认为是14角，还有人认为是10角4分。接下来我们重点研究这个小点后面的部分。你认同哪位同学的想法？借助人民币摆一摆，说一说。

（小组讨论，全班交流）

生1：我不同意“3元14角”。如果是14角的话，就是1元4角，那总额就变成4元4角了。

生2：我同意“3元1角4分”，其他的都不对，10角能换成1元，就是4元多了，所以是错误的。

生3：我也同意你们的想法，认为老师的红包里有3元1角4分。这个小点前面的数代表元，小点后面的第一位是角，第二位是分，但是我不清楚这个数是读“三点一四”还是“三点一十四”。

师：这个小点叫小数点，这个数读作“三点一四”。

环节二：元、角、分与小数相互转化，让学生再次感受小数与元、角、分的对应关系。

1. 呈现3个“微信红包”中的金额（如图6所示），让学生用元、角、分来表示。

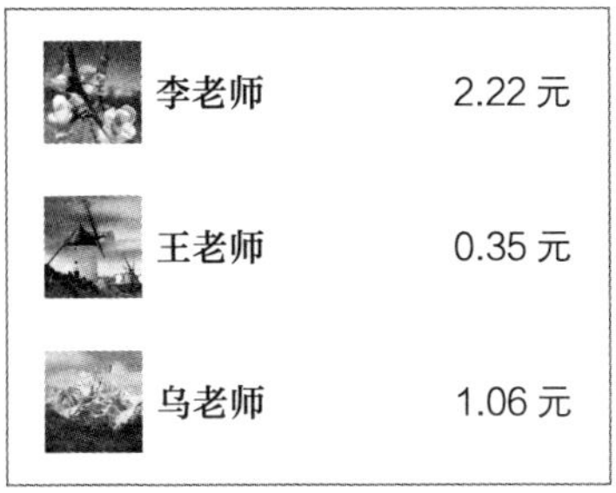

图6

活动要求：

（1）三位老师得到的红包分别是多少钱？

（2）和小组内的同学说一说自己的答案。

（3）整体观察一下，还有什么发现或问题？

2. 全班交流。

（1）学生先说答案，表达元、角、分与小数的对应关系。

（2）你们还有什么发现或问题吗？

3. 聚焦于“0”是否要写，让学生感受小数与人民币的对应关系。

4. 介绍小数及其读法。

5. 寻找生活中的小数。

环节三：借助元、角、分满十进一，让学生感受小数的十进关系。

1. 用小数表示三种商品的价钱（如图7所示）。

图7

活动要求：

（1）学生独立填写答案。

（2）对比20.5和20.05。

（3）5.55中有3个5，每个5都表示什么意思？

2. 将最后一件商品铅笔的价钱逐次增加1角，让学生用小数表示涨价后铅笔的价钱。

3. 教学片段。

师：铅笔现在涨价了，先涨了1角，是多少元？又涨了1角，是多少元？……

（呈现一位学生记录的结果：1.7元、1.8元、1.9元、2.0元、2.1元）

师：谁来用人民币摆一摆铅笔涨价的过程？

（生摆人民币）

师：1.7元、1.8元、1.9元，都是1点多，怎么接下来就变成2了？

生1：8角、9角、10角，10个1角就是1元，所以接下来就是2.0元了。

生2：1.7、1.8、1.9，再接着数，就满十进一了，所以就是2了。

师：满十进一？我们在之前的学习活动中学过吗？

生1：捆小棒中有满十进一。

生2：计数器上有满十进一。

生3：加法运算里面有满十进一。

师：看来我们今天学习的小数和之前学习的整数很像，都是满十进一的。

（呈现另一位学生记录的结果：1.7元、1.8元、1.9元、2元、2.1元）

师：我们为什么要学习小数呢？

生1：不够1个东西，不到1，就要用小数来表示。比如0.5，就是这个东西的一半。

生2：不够1不能用整数来表示，就可以用小数来表示了。

师：的确是这样的。古人在记录物品的数量时，不够1个也是用小数来表示的。

（最后学生总结收获，梳理对小数的认识并提出新的问题）

第二课时：借助长度模型认识小数

环节一：利用米、分米、厘米表示小数，让学生初步感受小数的意义。

1. 复习旧知，导入新课。

先复习上一节课的内容，然后从老师小时候的身高1.32米引入，开展学习活动。

2. 呈现活动要求。

（1）写一写1.32米是多高。

（2）用长条纸摆一摆，验证你的想法。

（3）时间为3分钟，独立完成。

3. 教学片段。

（呈现一名学生的结果：1米3分米2厘米）

师：你是怎么想的？请你到黑板上摆一摆。

生1：这和昨天学的知识一样，不过昨天学的是几元几角几分，今天就是换了单位。元、角、分与米、分米、厘米一样，都是满十进一的。

生2：老师，我有补充。我是这样想的：1.32米=132厘米，而100厘米

=1米，10厘米=1分米，所以1.32米=1米3分米2厘米。

（呈现另一名学生的结果：1米32厘米）

师：你同意这名同学的结果吗？说说你的理由。

生：老师，我同意，这其实和上面那个是一样的。因为10厘米=1分米，32厘米=3分米2厘米，所以它也可以看成1米3分米2厘米。

师：（小结）通过讨论，我们达成了共识：当时老师的身高是1米3分米2厘米。

环节二：长度单位与小数相互转化，让学生感受小数的十进关系。

1. 请你写一写这三个人的身高。

（1）姚明身高2.26米。

（2）幼儿园的一名小朋友身高1.06米。

（3）刚出生的小婴儿身长0.528米。

2. 学生独立完成，然后交流、汇报。

汇报中讨论：

（1）2米2分米6厘米和2米26厘米都对吗？哪种是对小数更好的认识？

（2）0.528米中的8表示什么意思？

教学片段如下。

生1：我认为8是8毫米。前面都是满十进一的，所以我就想10毫米=1厘米，厘米后面应该就是毫米了。

生2：如果是这样，0.528元怎么办？

生3：表示5角2分8厘。

师：对，以前咱们还有厘这个单位，10厘=1分，但现在厘已经不常用了，所以咱们平时就四舍五入，把0.528元看成0.53元。（总结）在今天学习的这些小数里，小数点的前面表示米，小数点后面的第一位表示分米，第二位表示厘米，第三位表示毫米。

3. 请你用小数写一写下面的高度或长度（如图8所示）。

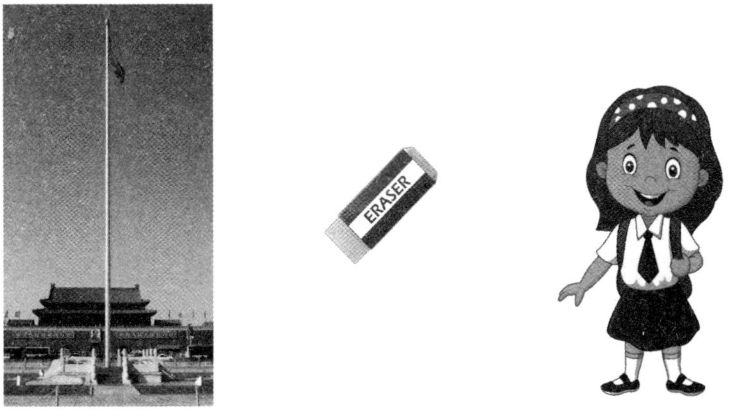

图8

教学片段如下。

师：5厘米应该写成什么呢？我看到有0.5米、0.05米这两种答案，你们同意哪种呢？

生1：我同意0.5米，因为厘米比米小，所以5厘米就是0.5米。

生2：我不同意。虽然厘米比米小，但是1米=100厘米，不是10厘米，所以5厘米应该是0.05米。

师：如果非要用0.5来表示5厘米，有什么办法吗？

生：老师，我想到了，可以写成0.5分米，因为10厘米=1分米，5厘米就是0.5分米。

师：（总结）当把以米、分米、厘米这样的长度单位表示的数转化成小数时，也要遵循满十进一的规律，而且小数的单位不同，同一个数转化成的小数也不同。

环节三：借助长度单位满十进一，让学生再次感受小数的十进关系。

1. 红红长个子（课件演示）：红红身高1.18米，先增加1分米，再增加1厘米，然后又增加1厘米。

2. 学生独立用小数表示红红身高增长的过程。

教学片段如下。

师：红红长个子了，她长了1分米，现在她的身高变成多少了？

生：1.28米。

师：她又长了1厘米，身高变成多少了？

生：1.29米。

师：都长了1，长1分米和长1厘米，小数哪里不一样呢？

生：长1分米，小数从1.18米变成了1.28米，分米那个位置变了；长1厘米，小数从1.28米变成了1.29米，厘米那个位置从8变成了9。小数变化的位置不同。

师：现在红红又长了1厘米，身高变成多少了？

生：1.30米。

师：刚才是1.29米，现在为什么是1.30米呢？

生：因为要满十进一。

师：你们说到了满十进一，谁来具体说说，“十”是指什么？

生：“十”就是10个1厘米，“满十进一”就是10厘米等于1分米。

环节四：对比两种模型，让学生多次感受小数的十进关系。

教学片段如下。

师：现在我们回忆一下，我们两次认识了小数，一次是借助人民币模型认识的，一次是借助长度模型认识的。这两者有什么相同点和不同点呢？

生：上一节课学的小数点前面都是元，小数点后面第一位都是角，第二位都是分。这节课学的小数点前面都是米，小数点后面第一位都是分米，第二位都是厘米。

师：谁能概括一下，他说的是什么意思？

生：老师，他就是说小数上的每一位与单位相对应。

生：老师，我还发现，它们都遵循满十进一的规律。

师：谁来具体说说？

生：你们看，上一节课学的是10分=1角，10角=1元；这节课学的是10厘米=1分米，10分米=1米。

生：老师，我还有补充。它们还有不同，用元作单位，小数点后面就两位——角和分；如果用米作单位，小数点后面可以是三位——分米、厘米和毫米。

师：（小结）它们之间有相同点，比如，小数上的每一位与人民币模型和长度模型存在一一对应的关系，都满足满十进一。也有不同点，比如，根据实际生活需要，以元作单位小数点后面只能有两位，以米作单位小数点后面可以有三位。

最后教师引导学生谈本节课的收获并提出新的问题。

第三课时：小数的大小比较

环节一：赋予情境，解决问题。

1. 复习小数的意义。

教师逐一出示0.5元、30.06米、1.8角、0.08元、1.73米和2.2分米六个小数，请学生分别说出这些小数的意义。

2. 提出问题：4.9和5.1，哪个小数大？你会比较它们的大小吗？

活动要求：

（1）结合生活中的一件事，比较这两个小数的大小。

（2）写一写，画一画，验证你的想法。

（3）时间为5分钟，独立完成。

3. 学生填写学习单（如图9所示）。

先填一填，再写一写，画一画，验证你的想法。 4.9 ○ 5.1

图9

环节二：学生独立完成后，全班分享。

1. 反馈交流，说一说你是怎样比较的。

2. 教学片段。

生1：4.9元相当于49角，5.1元相当于51角，因为49角<51角，所以4.9元<5.1元，4.9<5.1。

生2：我的方法和他的差不多。4.9分米相当于49厘米，5.1分米相当于51厘米，因为49厘米<51厘米，所以4.9分米<5.1分米，4.9<5.1。

生3：我觉得他们的方法差不多，就是单位不一样，都是把小数变成整数。

师：比较整数大小的方法和比较小数大小的方法有什么联系？

生4：它们的比较方法差不多，就是先看大的单位，用人民币单位就是先看元，用长度单位就是先看米。

生5：我还有一种方法。我是用人民币单位的，我将这两个小数分别与5元比较。4.9元<5元<5.1元，5元是它们的中间数，4.9元<5元，5元<5.1元，所以4.9元<5.1元（学生一边摆放人民币一边解释方法）。

生6：我觉得4.9是4元多或者4米多，5.1是5元多或者5米多。

师：同学们的方法真多，可以把小数转化为整数比较，也可以找一个中间的整数比较，还可以只比较整数部分。

3. 整体观察，将方法分类。

（1）根据不同模型来分类。

（2）根据解决问题的办法来分类。

环节三：变换情境，让学生利用不同模型比较三个小数的大小。

1. 学生填写学习单（如图10所示）。

先填一填，再换一种模型，写一写，画一画，验证你的想法。 1.9　　2.0　　1.8 ＿＿＿＿＿＿＿＿

图10

2. 反馈交流，找出不同方法之间的联系。

3. 了解怎样比较三个小数的大小。

环节四：回顾总结，完善认识。

1. 怎样比较两个小数的大小？

2. 比较小数大小与比较整数大小的相同点和不同点是什么？

3. 关于小数，你还有什么想问的问题？

第四课时：小数的加减运算

环节一：赋予情境，解决问题。

1. 提出问题：看这个算式1.42+2.8，你们能计算吗？

活动要求：

（1）结合生活中的一件事，将1.42+2.8赋予生活情境。

（2）写一写，画一画，算一算。

（3）时间为5分钟，独立完成。

2. 学生填写学习单（如图11所示）。

写一件生活中的事，再写一写，画一画，算出得数。 1.42 + 2.8 =	
写一件生活中的事。	写一写、画一画、算一算。

图11

环节二：学生独立完成后，全班分享。

1. 学生完成后，可借助人民币模型或长度模型摆一摆，验证自己的想法。

2. 反馈交流，说一说你是怎样计算的，并结合学具说明为什么这样算。

生：我想到的生活中的事是妈妈买苹果花了1.42元，买梨花了2.8元，一共花了多少钱？1.42元就是1元4角2分，2.8元就是2元8角，1元和2元合起来就是3元，4角和8角合起来是12角，也就是1元2角，还有2分，合起来就是4元2角2分，也就是4.22元。

生：我是用尺子摆的，1.42米是1米4分米2厘米，2.8米是2米8分米。1米和2米合起来是3米，4分米和8分米合起来是12分米，也就是1米2分米，还有2厘米，合起来就是4米2分米2厘米，也就是4.22米。

师：还有一个同学是用列竖式的方法算的（出示）。这里进位的小1在你们摆的人民币和尺子上能找到吗？

$$\begin{array}{r} 1.42 \\ +\ 2.8 \\ \hline 4.22 \end{array}$$

…………

3. 让学生结合人民币模型中的10角 = 1元，长度模型中的10分米 = 1米，将小数与实际模型对应起来。

环节三：变换情境，让学生利用不同模型再次感受小数的意义。

1. 学生填写学习单（略）。

15 − 3.7=? 请你换一种模型，写一写，画一画，算出得数。

2. 学生完成后，可借助人民币模型或长度模型摆一摆，验证自己的想法。

方法一（人民币模型）：一个面包15元，一瓶饮料3.7元，一个面包比一瓶饮料贵多少钱？3.7元就是3元7角，拿出15元中的1元换算成10角，剩下的14元减3元是11元，10角减7角是3角，合起来就是11元3角。

方法二（长度模型）：一根绳子长15米，减掉3.7米，剩下多少米？3.7米就是3米7分米，把15米看成14米10分米，14米剪掉3米剩下11米，10分米减掉7分米剩下3分米，合起来就是11米3分米，也就是11.3米。

方法三（竖式）：

$$\begin{array}{r} 1\dot{5}.0 \\ -\ \ 3.7 \\ \hline 11.3 \end{array}$$

3. 反馈交流，找出不同方法之间的联系。

环节四：回顾总结，完善认识。

1. 怎样计算小数加减法？

2. 了解小数加减法与整数加减法的相同点和不同点（小数加减法要先把小数点对齐，然后对数位）。

3. 关于小数，你还有什么想问的问题？

第五课时：生活中的小数

环节一：分享实践作业，整理收获与问题。

1. 小组分享“生活中的小数”实践作业。

活动要求：

（1）小组内交流实践作业，轮流说，其他人倾听、补充。

（2）小组整理一份作品，并针对一个小数提出自己的问题。

（3）时间为10分钟。

2. 小组交流实践作业，其中一份作业如图12所示。

图12

3. 全班分享，感受小数在生活中的广泛应用。

以小组为单位分享生活中的小数，教师板书，并分类整理。

环节二：聚焦问题，讨论交流，感受小数的十进关系。

1. 针对生活中的小数，学生提出问题。

针对小数3.1千克展开讨论。

2. 教学片段。

师：3.1千克是多重？先自己想一想，再和小组的同学交流一下。

生1：我认为3.1千克代表3千克和1克。

师：你为什么觉得3.1千克代表3千克和1克呢？

生1：因为这个3对应的是千克的单位，所以我觉得这个3就是3千克；

1就在3千克的后面，所以我觉得这个1是1克。

生2：我跟他的想法是一样的，就像米和分米、元和角一样，小数点前面的是一个大单位，后面的对应着小单位。

生3：我不同意，我觉得千克后面应该是百克。

生4：我也觉得千克后面是百克，就像千后面是百，百后面是十，十后面是个。

生5：我也觉得不是1克。如果0.1千克是1克的话，0.9千克是9克，合起来是10克，不是1000克。

师：不错，你能用我们前几节课上研究的小数的满十进一来解决这个问题。看来0.1千克不是1克，因为它不能满足满十进一。

生6：我觉得应该是100克。

师：你为什么觉得是一百呢？

生 6：一百，两百，三百……一千。这样它就可以和其他单位一样满十进一了。

环节三：回顾总结，完善认识。

1. 关于小数，你有哪些收获？

2. 你还有什么想问的问题？

【教学反思，看见学习成长】

一、两种模型相伴，丰富学生对小数的认识

借助长度模型认识小数这一内容的前移，让学生在操作过程中，可以更加直观地感受小数的十进关系。

通过对比人民币模型与长度模型，引发学生思考两者的相同点是相邻单位间的十进关系，这与小数数位的十进关系相一致。

这两种模型在小数的大小比较和小数的加减运算的教学中相伴呈现，这引发学生思考还有哪些生活模型，也促成了主题四“生活中的小数”学习的开展。

二、在单元教学中，学生多次体验十进关系

“认识小数”这一单元的整体目标，是让学生借助有十进关系的生活模型初步感受小数的十进关系。比如，主题一“小数的初步认识”，让学生感受不同模型中小数的十进关系；主题二“小数的大小比较”和主题三“小数的加减运算”，借助两种模型让学生再次感受小数的十进关系；主题四“生活中的小数”，针对3.1千克是多重展开讨论，让学生又一次感受小数的十进关系。这一单元的每一个课时，都设计了相应的环节让学生借助不同的生活模型感受小数的十进关系。

三、单元知识建构：从“认识小数”单元延伸到小数整体体系的学习

单元整体架构还处于探索过程中，对这一单元，我们只简单分析了小数学习的“认识小数”“小数的意义”两个阶段，并没有结合这两个阶段的学习深入剖析。后续，我们将继续研究小数的意义，纵观小学阶段小数的学习，整体建构有关小数的全部内容，相信会有新的发现和收获。

【专家视角，助推研究前行】

小数的意义是由分数与整数的概念统整建立起来的。《义务教育数学课程标准》（2011年版）指出“小数通常表示具体的数量”，当出现了比单位1更小的数量时，需要将1继续等分进行表达，从这个意义上说，小数是十进分数的另一种表达。但这仅仅是理解小数的一个方面。另一方面，张奠宙指出，小数是一种特殊的分数，但是又独立于分数；小数的出现，是基于十进制表示数量的需要。从这个意义上说，小数和整数联系紧密，可以把它看成是十进位值制反向延伸的结果。

因此，小数意义的核心是自然数十进位值制的延伸，可以用来表示现实生活中比1小的数量。那么，如何帮助学生认识小数呢？在本案例中，陈俊荣老师在认真比较和分析了不同版本教材的基础上，选择了北师大版教材的处理方式，借助学生熟悉的元、角、分生活原型（即文中提到的

“人民币模型”）来帮助学生初步体会小数的“十进关系”。在此基础上，陈老师增加了另一体现十进关系的长度原型，利用两种原型帮助学生体会小数。

尤为可贵的是，陈老师并不是“纸上谈兵”，而是根据教材分析、学生调研和理论学习，开展了单元设计并进行了实践。在单元教学中，围绕“十进关系”这一核心，借助两个原型，设计有意义的学习任务，激发学生去探索、去感受，使得学生对小数的“十进关系”有了较为深刻的体会。同时，学生体会了两个重要的生活原型的价值，而这两个原型会伴随学生小数学习的全过程。其实，两个原型的重要性，已经初步体现在小数的大小比较和小数的加减运算中了。

本单元教学的另一个亮点在于学生通过体会满十进一，再次感受十进位值制，也自然沟通了整数和小数之间的关系。陈老师最后鼓励学生在生活中寻找小数的实际背景和现实问题，尝试解决不是十进的“3.1千克”是多重的问题，不仅再次让学生体会了十进关系，而且使得他们对小数的认识变得更加丰富。

在此，我感受到“教师作为研究者”的重要性。教学现象的复杂性和学生个体的丰富性等，使得教师本身从事的就是创造性工作，需要不断地发现问题和解决问题，这与科学研究的过程是一致的。随着课程改革的深入，一些重点和难点问题的解决仅仅靠学习、吸收他人的经验已经不够了，教师必须亲自去观察、分析、实践和反思，“教师作为研究者”变得越来越重要。本案例从通过比较教材发现问题开始，到学生调研、课堂实践、课后反思等，比较完整地呈现了发现问题、提出问题、分析问题和解决问题的全过程，是教师做研究的一个很好的案例。

进一步，可以设计更为合适的学生调研题目，真正理解学生对小数的“前经验”。另外，可以设计前测和后测，分析学生的成长变化，更好地体现本单元教学的效果。

>>> 点评专家：北京教育科学研究院教授 张丹

自主构建联系，提升运算能力
——“分数除法（二）”教学实践与思考

【发现问题，开启研究】

让学生记住如何进行分数除法运算看上去很容易，但学生在很长时间里还是不能理解为什么要颠倒相乘。

在小学阶段，学生要经历整数、小数、分数的加、减、乘、除四种运算的学习过程，分数除法运算是小学阶段数的运算的最后一部分内容，它与整数、小数的除法运算不同。由于分数除法需要颠倒相乘，这使得除法不再是一种独立的运算，从而实现了除法向乘法的转化。在长期的实践中，我们发现，虽然颠倒相乘是教学中常用的方法，让学生记住如何进行分数除法运算看上去很容易，但学生在很长时间里还是不能理解为什么要颠倒相乘。我们对学过分数除法的六年级学生进行了后测，让他们以$4\div\frac{2}{3}$为例说一说“为什么除以一个数等于乘以这个数的倒数”。结果显示，只有30.1%的学生能够说清楚原因，其他学生则表示“学过，但不知道为什么”。

【聚焦教材，从单元视角思考】

对如何理解算理，不同版本教材的处理方式是不同的，但都是基于学生对除法运算意义和分数意义的理解，努力说明“为什么要颠倒相乘”。

《义务教育数学课程标准》（2011年版）指出，在数学课程中，应当注重发展学生的运算能力。所谓运算能力，就是指学生不仅会根据法则、公式等正确地运算，而且理解运算的算理，能够根据题目条件寻求正确的运算途径。“分数除法（二）”一课，我在学生已有经验的基础上，使学生经历从实际背景中抽象出数学问题、构建数学模型、寻求结果和解决问题的过程。在这个过程中，学生可以与他人交流算法，在理解算理的基础上掌握计算方法，运算能力得到了发展。

关于分数除法，不同版本教材的课时安排及顺序有较大差异（如表1所示）。

表1

	北师大版教材	人教版教材	青岛版教材	现代小学数学教材
第一课时	分数除以整数	倒数的认识	分数除以整数	分数除以分数
第二课时	一个数除以分数	分数除以整数	整数除以分数	分数除以整数
第三课时	探索规律：商和除数的关系	一个数除以分数	分数除以分数	解决问题
第四课时	列方程解决分数除法问题	两步分数乘除问题	列方程解决分数除法问题	
第五课时		列方程解决分数除法问题	两步分数乘除问题	

从表1中可以发现，分数除法的教学一般情况下分成四部分：“分数除以整数”“整数除以分数”“分数除以分数”“解决问题”。对“分数除以整数”，学生借助直观模型自主探究，从而掌握两种计算方法：（1）分母不变，分子除以整数作分子；（2）除以一个整数等于乘以这个整数的倒数。对后一种计算方法，学生根据分数乘法的意义是很容易理解的。“分数除以分数”，由于被除数和除数都是分数，学生在理解分数除法法则的过程中会遇到很多困难。基于单元视角的分析，我将“整数除以分数”作为重点研究分数除法法则的课例。

通过对现代小学数学教材以及北师大版、人教版、青岛版教材进行梳理，我们可以发现各版本的教材都是以生活情境为载体，让学生在理解分数意义、除法意义的基础上，借助直观模型自主探究，经历分数除法法则的形成过程，从而理解算理，掌握算法。下面从学习任务情境的创设、学生理解算理的途径两个方面进行对比。

在学习任务情境的创设上（如图1所示），北师大版教材、现代小学数学教材、青岛版教材都以除法的意义（平均分、包含除）创设情境；人教版教材则以数量关系（路程、时间、速度）创设情境。在直观模型使用上，北师大版教材使用的是实物模型和面积模型；人教版教材和现代小学数学教材使用的是线段模型；青岛版教材使用的是实物模型。

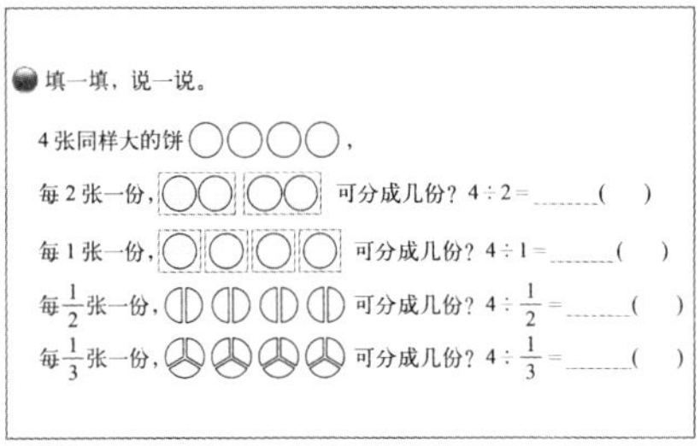

北师大版教材

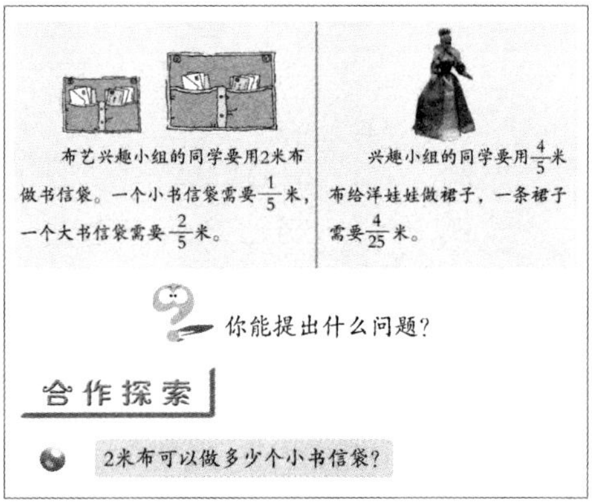

青岛版教材

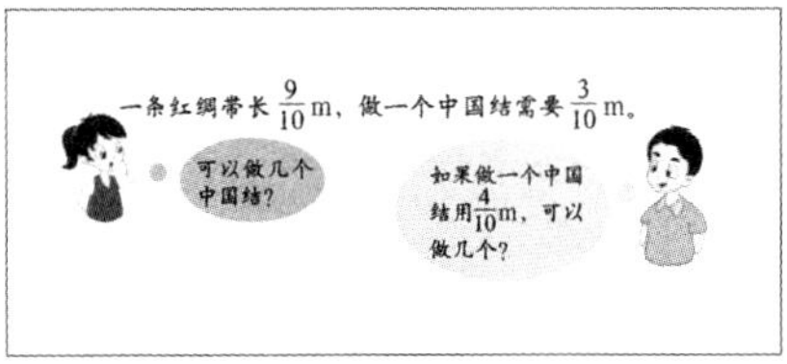

现代小学数学教材

小明$\frac{2}{3}$小时走了2km，小红$\frac{5}{12}$小时走了$\frac{5}{6}$km。谁走得快些？

人教版教材

图1

在算理理解上，北师大版教材、青岛版教材借助除法的意义，先引导学生理解1里面有多少个分数单位，再思考有几个1；人教版教材借助路程、时间、速度的关系，先引导学生明确分数单位时间内的路程，再思考1里面有多少个这样的分数单位，最后通过算式整理进行了法则的推导；现代小学数学教材借助分数的基本性质和除法的意义，引导学生推导出通分的计算方法，并且将这种方法与法则进行了勾连，还运用商不变的规律进行了法则的推导。

不同版本的教材“整数除以分数”的学习路径如表2所示。

表2

	学习路径	教材
第一种	利用商不变的规律转化成除数是1的除法： $4\div\frac{3}{4}=(4\times\frac{4}{3})\div(\frac{3}{4}\times\frac{4}{3})=4\times\frac{4}{3}\div1$	现代小学数学
第二种	化成同分母分数：$4\div\frac{3}{4}=\frac{16}{4}\div\frac{3}{4}=16\div3$	现代小学数学
第三种	利用倒数的定义：$4\div\frac{3}{4}=4\times(1\div\frac{3}{4})$	青岛版
第四种	整数化：$4\div\frac{3}{4}=4\times4\div3=4\times(4\div3)=4\times\frac{4}{3}$	青岛版
第五种	结合情境运用份数：$4\div\frac{3}{4}=4\div3\times4=4\times\frac{1}{3}\times4=4\times(\frac{1}{3}\times4)=4\times\frac{4}{3}$	人教版
第六种	根据情境画图找到结果，根据算式找规律： $4\div\frac{1}{2}=4\times2$　　$4\div\frac{1}{3}=4\times3$	北师大版

对如何理解算理，不同版本教材的处理方式是不同的，但都是基于学生对除法运算意义和分数意义的理解，努力说明“为什么要颠倒相乘”。

【走近学生，发现生长可能】

对真实的学习任务，学生能够想出多种方法解决问题，但需要教师提供学习支持，学生方能将其与“颠倒相乘”进行自主勾连。

我以“每包糖重 $\frac{2}{3}$ 千克，6千克糖能装几包”这个问题进行调研，考查学生解决“整数除以分数”问题的情况。调研结果如表3所示。

表3

正确（66%）					错误（34%）			
通分	整数化	倒数	法则	画图	通分	画图	列式	不会
6.4%	6.4%	4.3%	38.3%	10.6%	6.4%	14.8%	8.5%	4.3%

学生解决问题的具体方法如下。

1. 画图的方法（如图2所示）。

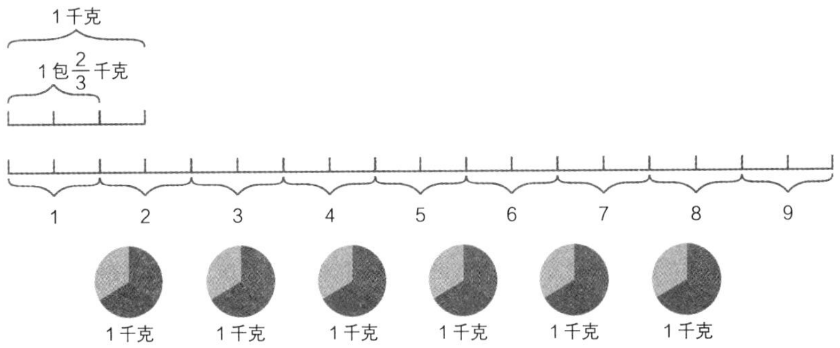

图2

2. 倒数的方法。

$$6 \div \frac{2}{3} = (1 \div \frac{2}{3}) \times 6 = \frac{3}{2} \times 6 = \frac{3 \times 6}{2} = 9$$

$$6 \div \frac{2}{3} = 6 \times 1 \div \frac{2}{3} = \frac{3}{2} \times 6 = \frac{18}{2} = \frac{9}{1} = 9$$

3. 通分的方法。

$$6 \div \frac{2}{3} = \frac{6}{1} \div \frac{2}{3} = \frac{18}{3} \div \frac{2}{3} = 18 \div 2 = 9$$

$$6 \div \frac{2}{3} = \frac{18}{3} \div \frac{2}{3} = \frac{1}{3} \times 18 \div \frac{1}{3} \div 2 = \frac{1}{3} \div \frac{1}{3} \times 18 \div 2 = 9$$

4. 整数化的方法。

$$6 \div \frac{2}{3} = 6 \div (2 \div 3) = 6 \div 2 \times 3 = 3 \times 3 = 9$$

$6 \div \frac{2}{3} = 6 \times 3 \div 2 = 9$

5. 使用法则的方法。

$6 \div \frac{2}{3} = 6 \times \frac{3}{2} = 9$

由调研结果可知，38.3%的学生已经使用了颠倒相乘的方法，但在后期访谈中只有8%的学生能够说清楚道理。如何将这些方法与“颠倒相乘”法则之间进行勾连，从而让学生真正理解算理、掌握算法，是需要教师重点思考的。

【寻找方向，明晰学习路径】

要建立解题方法与“颠倒相乘”法则之间的勾连，让学生在理解算理的基础上掌握算法。

要将解题方法与“颠倒相乘”法则之间进行勾连，就需要教师设计有效的活动，提供适当的学习支持。课堂中要给学生讨论、交流的时间，让他们自主建构方法与法则之间的关联，在理解算理的基础上掌握算法，发展运算能力。

结合以上思考，我确定了本节课的学习目标和重点、难点。

学习目标：

1. 结合具体的生活情境，借助直观图形和已有知识经验解决整数除以分数的问题，理解“为什么除以一个数等于乘以这个数的倒数”。掌握计算方法，加深对分数意义的理解。

2. 在探索整数除以分数计算方法的过程中，与他人交流算法，并能表达自己的想法，培养发现问题、提出问题、分析问题和解决问题的能力，发展运算能力。

3. 沟通新旧知识的内在联系，进一步感受数学学习的挑战性，体验成功的乐趣，增强学习自信心。

学习重点：掌握整数除以分数的计算方法。

学习难点：理解“为什么除以一个数等于乘以这个数的倒数”。

为了实现以上教学目标，本节课我设计了四个教学环节（如图3所示）。

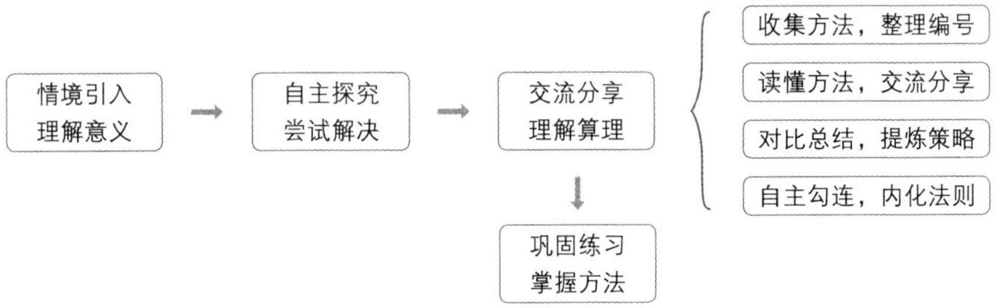

图3

环节一：教师出示真实的任务，学生独立列式，之后教师追问“为什么这样列式”。

设计意图：让学生结合具体情境理解分数除法算式的意义，为解决问题做铺垫。

环节二：教师提出活动要求。

设计意图：留给学生充分的思考空间，让学生结合自己的原有认知自主寻求解决问题的方法。

环节三：收集学生的典型作品并展示。提出交流互动的要求，让学生分别从相同点、与法则之间的勾连两个方面进行讨论。

设计意图：学生通过交流互动，不仅可以了解他人的想法，而且能够建立方法之间的联系，找到解决新问题的方法。这有利于培养学生发现、提出、分析和解决问题的能力，让学生在理解算理的基础上掌握算法。

环节四：在总结法则的基础上进行巩固练习。

设计意图：对于整数除以分数，不强求学生选择某种方法解答，使用法则的方法只是其中的一种，学生选择适合自己的方法即可。

【课堂实践，学习真实发生】

一、情境引入，理解意义

教师抛出问题："一包糖重$\frac{2}{3}$千克，4千克糖可以装几包？"请学生列出算式，之后追问"为什么这样列式"。

二、自主探究，尝试解决

教师提出要求：独立思考，并把思考过程写在纸上，可以画图，也可以列算式。

三、交流分享，理解算理

1. 收集方法，整理编号。

教师根据教学需求，将学生的七种解题方法（使用法则的方法先不呈现）呈现在黑板上，并进行编号。

方法一：

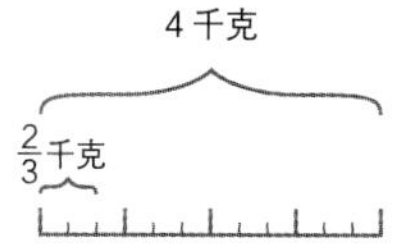

方法二：

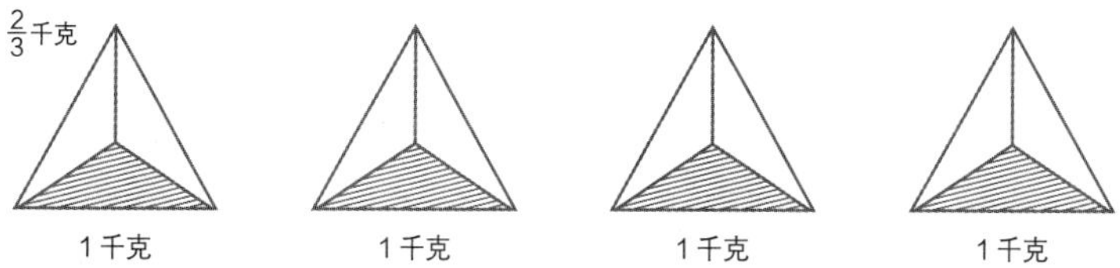

方法三：$4\times3\div2=6$

方法四：$4\times(1\div\frac{2}{3})=4\times\frac{3}{2}=6$

方法五：$4\div(2\div3)=4\div2\times3=2\times3=6$

方法六：$\frac{12}{3}\div\frac{2}{3}=\frac{12\div2}{3}=\frac{6}{3}=2$

方法七：$\frac{12}{3} \div \frac{2}{3} = 12 \div 2 = 6$

2. 读懂方法，交流分享。

教师让学生就黑板上的七种方法进行交流分享。

（1）默读每一种方法，把读不懂的记录下来。

（2）把这些方法从简单到复杂进行排序，先分享简单的方法。

（3）给每一种方法起个名字，并说明理由。

（4）在分享的过程中，你可以直接提出疑问或建议。

教师预设以下问题，帮助学生理解算理。

（1）方法一、方法二有什么相同点和不同点？

（2）方法四中的$1 \div \frac{2}{3}$是什么意思？

（3）方法六错在哪里？

卡点处理：在课堂上，学生如何分享才更有效，是教师需要思考的问题。根据以往的教学经验，我提炼了以下建议，供大家参考。

建议一：对学生的方法要甄选，如果偏离教学目标，可以单独与学生交流。

建议二：给学生充足的时间理解每一种方法（如果能把所有方法集中到一张学习单上更好）。

建议三：提出明确的分享要求，让学生知道分享什么、怎么分享。

建议四：每种方法不能平均分配时间，要有所侧重。

建议五：对重点方法，教师可以通过追问、课件演示等帮助学生理解。

建议六：教师可以借助“你也是这么想的吗”“你有什么建议和问题吗”“你是怎么想到的”等引导性语言，促进生生之间的交流。

3. 对比总结，提炼策略。

教师引导学生对黑板上的多种方法进行对比与总结。

师：再看一看这些方法，它们有什么共同特点？

生：都转化成了我们曾经学过的运算。

师：说一说都有哪些我们曾经学过的运算。

生：整数乘除法、分数乘法。

师：在这个转化的过程中，运用到了哪些我们曾经学过的知识呢？

生：除法的意义、分数的意义、分数单位、分数与除法的关系、分数的基本性质、倒数等（在分享方法的时候，教师已经将这些知识点写在了黑板上）。

师：面对新问题，大家要像今天一样主动地将其与学过的知识建立联系，把握共性，分辨差异。在这个过程中，我们不仅解决了新问题，而且巩固了已学过的知识。

虽然分数和整数、小数都属于数的领域，但是它又区别于整数、小数。对分数意义的理解不是一两节课就能完成的，应贯穿于整个分数的学习过程。学生运用原有知识解决问题，并将多种方法进行对比，在探索、交流的过程中，不仅把握了运算的本质，而且加深了对除法意义、分数意义的理解。

4. 自主勾连，内化法则。

教师将“$4\div\frac{2}{3}=4\times\frac{3}{2}=6$”写在黑板上后，和学生进行了以下对话。

师：请用这种方法的同学举手。这是什么意思？

生：除以一个数等于乘以这个数的倒数。

师：你是怎么知道这种方法的？

生：在课外班上学的。

师：在这个过程中，什么变了，什么没变？

生：除号变成了乘号，除数变成了它的倒数。

师：对这样一种方法，你有什么问题吗？

生：为什么能这么做？

师：为什么除以一个数就等于乘以这个数的倒数？你能用原有的知识或结合今天的方法说一说理由吗？

生：（边说边展示）方法五，4除以 $\frac{2}{3}$ 就等于4除以括号2除以3，把括号一擦它就变成了4除以2乘以3，又可以变成4乘以3除以2。

$$4\div(2\div3)=4\div2\times3=4\times3\div2=4\times\frac{3}{2}$$

师：怎么就变成4乘以3除以2了，根据是什么？

生：带符号搬家。

师：很好，看来同学们的基础知识很牢固。

生：（边说边展示）方法三，我给3除以2外面加上括号就可以了。

$$4\times3\div2=4\times(3\div2)=4\times\frac{3}{2}$$

师：可以吗？

生：可以。

师：看来根据第三种方法和第五种方法都能够得到这个结果，是不是？

生：是。从方法四"$4\times(1\div\frac{2}{3})=4\times\frac{3}{2}$"中一眼就能看出来，1除以$\frac{2}{3}$再乘以4就是4乘以$\frac{3}{2}$。

师：1除以$\frac{2}{3}$是什么意思？

生：先算1千克里面有几个$\frac{2}{3}$，再乘以4。

…………

计算教学不是孤立的，教师要引导学生揭示数学知识之间的内在联系，促使学生更加深刻地理解算理，掌握真正的算法。

四、巩固练习，掌握方法

教师先带领学生总结"整数除以分数"的计算方法，然后让学生尝试计算"$3\div\frac{7}{9}$"。在反馈过程中，学生使用了"乘以倒数的方法"，教师追问："$\frac{9}{7}$表示什么？"

【教学反思，看见学习成长】

一、基于调研和课堂观察选择学习路径

在教学过程中，要让不同的学生有不同的学习路线，这样的学习才是有效的学习。因此，在教学中教师不一定要把教材中所有的学习路径一一呈现出来，要根据调研情况和课堂观察进行取舍。

二、学生能够将解题方法与法则主动勾连，发展了运算能力

根据学生的后测统计情况（如表4所示），92%的学生已经掌握了整数除以分数的计算方法，并且能够准确地计算出结果；其中，72%的学生不仅掌握了计算方法，而且能够用自己的方式解释法则的合理性，真正做到了在理解算理的基础上掌握法则，发展了运算能力。

表4

<table>
<tr><th>后测题目</th><th>后测目的</th><th colspan="20">后测结果</th></tr>
<tr><td rowspan="2">1. 计算 $8\div\frac{4}{5}$</td><td rowspan="2">考查学生对分数除法算法的掌握情况</td><td colspan="4">正确率</td><td colspan="4">法则</td><td colspan="4">通分</td><td colspan="4">小数</td><td colspan="4">份数</td></tr>
<tr><td colspan="4">92%</td><td colspan="4">84%</td><td colspan="4">6%</td><td colspan="4">0%</td><td colspan="4">2%</td></tr>
<tr><td rowspan="2">2. 举例说明为什么除以一个分数等于乘以这个分数的倒数</td><td rowspan="2">考查学生能否说明法则的道理</td><td colspan="5">正确率</td><td colspan="5">整数化</td><td colspan="5">答案验证</td><td colspan="5">倒数</td></tr>
<tr><td colspan="5">72%</td><td colspan="5">20%</td><td colspan="5">12%</td><td colspan="5">40%</td></tr>
</table>

三、如何处理通分的方法与法则之间的关系

现代小学数学教材将通分的方法与法则进行了关联。我发现这样的勾连对学生来说有一定的难度，因此，在课堂中没有进行实践，而是当成两种不同的方法来处理。这样的处理只是一种尝试，还需进一步思考与讨论。

【专家视角，助推研究前行】

有人说过这样一句话：教师讲什么固然重要，但学生想什么比这重要一千倍。教师要读懂学生，教师的“讲”一定要基于学生的“想”；教师要读懂学生，不仅要读懂学生的学习基础、学习困难和学习需求等，还需要读懂学生的学习路径。

学习路径是对学生在一个具体的数学领域内的思维与学习的描述，是关于学生在这个数学领域，按一组教学活动进行学习的假设路线。这种路线与活动，勾画了学生的思维活动。中央民族大学教授孙晓天在一篇文章

中写道："如果我们能够了解孩子们是如何实现数学化的，在这个过程里有哪些要素，这个过程大体遵循一个什么样的规律，就是一个非常有意义的研究，就是一个相当精彩的'读懂'。"不难看出，孙晓天提出的"数学化的过程"与"学习路径"意思相似，都为教师研究学生提供了新的思考方向，即不仅要了解学生静态的学习状况（如学习起点和学习终点），还需要研究学生动态的学习过程。

本案例基于单元分析，以"整数除以分数"作为核心课开展研究。值得大家借鉴的是，陈俊荣老师系统梳理了各套教材提供的"学习路径"，并在此基础上开展了详尽的学生调研。在此基础上，陈老师设计了读懂他人想法的学习任务，通过读懂方法、建立方法之间的联系、勾连学生的方法与法则之间的联系等活动，帮助学生理解算理。

本案例充分体现了研究学生的重要性。尤为可贵的是，对收集来的学生的方法，陈老师不是简单分析，而是尝试多方面去解释，并把解释结果应用到了教学中。教师只要心系学生，就一定能走出一条属于自己的成功教学之路。

我建议教师能够就分数除法这一内容做整体思考，对学生学习分数除法的路径做追踪性观察，并在此基础上做单元整体设计。

>>> 点评专家：北京教育科学研究院教授　张丹

理解比的本质，发展数学素养
——“比的认识”教学实践与思考

【发现问题，开启研究】

“两个数相除，又叫两个数的比”，除此之外，还可以怎样帮助学生多角度理解比？

比，是小学数学六年级的一个重要内容。关于比的概念，为了联系小学生的先前学习经验，教材常常这样表述：两个数相除，又叫两个数的比。其实，比的本质是两个数量倍数关系的表达与度量。例如，和面时水和面的比是1:2，这时候我们运用的就是比的表达属性。又如，在生活中，我们还可以利用两个数量的比合理地分析和解决问题，建立各种度量指标，这就是比的度量意义。判断度量指标优劣的标准就是看它能否反映客观现实。

在“比的认识”的教学中，我们对比的“表达”关注得较多。例如，配糖水时水与糖的比，和面时水与面的比。对比的“度量”关注得较少，而用比进行度量的现象在生活中随处可见。例如，比较快慢时用到的速度是路程与时间的比。

在上“比的认识”一课时，我们怎样才能让学生理解比的本质？怎样才能让学生从表达和度量两个角度来认识比？怎样才能让学生理解比和除法、分数的联系与区别？怎样才能做到知识技能与数学素养共同发展呢？

【聚焦教材，从单元视角思考】

让学生从表达与度量两个角度理解比，联系现实感悟比的概念。

一、纵向分析教学内容

为了更好地进行教学，我们对北师大版教材有关比的内容进行了纵向梳理。

1. 比的表达贯穿始终。

小学低年级数学教材从数的加减法开始，通过运算和比较，揭示了数之间的大于、小于、等于、和、差等关系。如一年级的“比多少”是比较两个数（量）的大小；二年级“倍的认识”是两个数（量）的倍数关系。随着学生对数的认识不断深入，教学内容开始涉及部分与整体之间的数量关系，如中高年级的分数和百分数。

这些知识和关系，都为学生学习“比的认识”奠定了一定的基础。北师大版教材从具体的情境中抽象出比，让学生体会两个变量之间的倍数关系，进而关注两个量的变化过程，再自然地开展对比例、正比例和反比例的学习，让学生具体感知两个量之间的关系，丰富对数量关系的认识和理解。虽然在以前的学习过程中，学生接触过一些变化的量，但是将变化的量作为研究内容还是第一次。商、份数、倍数、分数和比等，都是对两个量之间的倍数关系的表达。这种表达在小学低、中、高年级都有涉及，只是从常量的倍数关系发展到变量的倍数关系。比也是学生从算数思维过渡到代数思维的桥梁之一。

2. 比的度量不可缺少。

学生从一年级开始就进行度量，这时的度量只要关注一个量就可以了。例如，量身高，只需要关注高度就好了。生活中有一种度量，比如，快慢、胖瘦等，是对事物的刻画，需要先探寻影响事物的关键要素，然后基于关键要素之比构建度量指标。在许多情况下，借助比的度量可以构建非常有意义的新概念。因此，我们可以根据生活经验创设教学活动，让学生在这样的活动中体会到数学是如何利用两个数量的比合理地分析和解决问题的。从度量角度理解比，是必不可少的。

二、不同版本教材对比的定义及内容编排

1. 不同版本教材对比的定义重运算，轻现实功能（如表1所示）。

表1

版 本	定 义
人教版	按例子那样，两个数量之间的关系也说成比。两个数的比表示两个数相除。比值通常用分数表示，也可以用小数或整数表示。
苏教版	两个数量之间的这种关系还可以说成比。两个数相除又可以叫作两个数的比。比的前项除以后项得到的商叫作比值。两个数的比可以写成分数形式。
北师大版	按例子那样，两个数相除，又叫作这两个数的比。
浙教版	比表示两个数之间的一种关系。比也可以用分数的形式表示。两个数的比可以写成两个数相除的形式，两个数相除的形式也可以写成两个数的比。

东北师范大学史宁中教授在《小学数学教科书中的比及其教学》一文中对比做了以下解释：比，是一个十分抽象的内容。对比的本质描述，是小学生很难理解的。因此，教科书选择了学生容易理解的、与比相关的内容对比进行定义，例如，借助除法和分数对比进行定义。根据教科书的表述，学生可能会把比理解为一种运算，认为它是除法运算的一种特殊形式，进而理解比是为了得到运算结果。这会削弱比的现实功能，并且学生很难甚至无法感悟比的数学本质。

2. 不同版本教材关于比的内容编排，既关注现实，又兼顾表达与度量。

不同版本的教材，都是从具体的现实情境中抽象出比的关系，兼顾比的表达与度量（如表2所示）。虽然不同版本的教材创设的情境不同，但都是尝试让学生通过认识比，理解两个量之间的倍数关系和变化。

表2

教材版本	比的情境	比的表达	比的度量
北京版	“神舟”飞船	糖与水的关系	展现不同的量之间关系的度量，明确说明了同类量之间和不同类量之间的比
人教版		中国国旗、联合国旗的长与宽的关系	用路程和时间的比来度量快慢，是比对事物不可度量的属性的刻画
青岛版	人体的数据	头部长度和身高的关系	
北师大版	判断图形是否变形	长与宽的关系、甘蔗汁与水的关系、树高和影长的关系	用长与宽的比来度量照片像不像，用路程和时间的比来度量快慢，用总价和数量的比来度量贵不贵，是比对事物不可度量的属性的刻画

北师大版教材“比的认识”部分，分为两个课时。第一个课时，从判断图形是否变形中抽象出同类量的比，让学生初步感受分数、除法和比的关系。第二个课时，在“试一试”部分，呈现了甘蔗汁与水的比、树高和影长的比、路程与时间的比等，从同类量的比走向不同类量的比，让学生进一步体会到比可以刻画现实生活中的现象程度。

已有研究和教学实践都表明，比的概念的形成是儿童数学思维发展的关键性转折，而比是儿童难以理解和掌握的一个数学概念。在判断图形是否变形的过程中，学生能通过图形对比产生直观的体验，利用图形去描述和分析问题，把抽象的比转化为直观的图形的特征。同时，教材借助几何直观把复杂的比变得简明、形象，这有助于学生探索解决相关问题的思路，直观地理解比的概念。

【走近学生，发现生长可能】

理解比的关键突破口是倍数关系，理解比的度量属性有利于发展学生的数学素养。

学生调研一

1. 调研意图：了解学生对比有哪些理解，在此基础上寻找教学生长点。

2. 调研题目：你听说过“比”吗？举一个例子说一说“比”是什么意思。

3. 调研对象：五年级13班37名学生。

4. 调研结果：如表3所示。

表3

	不认识或者错误认识比	认识比	
		两个量的简单比较	两个量的关系表达
人数	15	17	5
百分比	40.5%	46%	13.5%

40.5%的学生不认识比或者对比的认识是错误的；46%的学生对比的认识停留在两个量之间的简单比较层面，缺少对其本质即倍数关系的理解。由此可见，引导学生理解“倍数关系”是认识比的关键。比的本质是两个数量倍数关系的表达与度量。比还有一个重要的功能是比的度量。那么，在理解“倍数关系的表达”之后，学生如何利用两个量的比合理地分析和解决问题，又如何建立各种度量指标？为此我们进行了第二次学生调研。

学生调研二

1. 调研意图：了解学生对比的认识是否全面，解决生活中有关比的度量属性的现实问题。调研学生判断图形是否变形时的思维路径。通过对学生的思维路径进行梳理与分析，发现学生的学习需求、学习生长点。

2. 调研题目：

（1）根据图1，判断哪些图形变形了，哪些图形未变形。

变形的图形有：________________________________

未变形的图形有：______________________________

图1

（2）举例说明，运用列算式的方法说明做判断的过程。

3. 调研对象：五年级8班33名学生。

4. 调研结果：如表4所示。

表4

	无方法	加减关系	利用面积	倍数关系	
				长与长、宽与宽	长与宽的关系
人数	3	7	2	11	10
比例	9.1%	21.2%	6.1%	33.3%	30.3%

从学生调研结果我们可以发现，学生在努力建立长和宽之间的关系，但是由于生活经验、学习经验不同，有些学生建立的长与宽的关系，是不能用来判断图形是否变形的。也就是说，学生对较复杂的比较缺少方法和策略，而用比进行度量在现实生活中很常见。由此可见，只学习比的表达意义是不够的。要想全面地认识比，有必要学习比的度量属性，这也有利于发展学生的数学素养。

【寻找方向，明晰学习路径】

“比的认识”的教学分两个课时。第一课时是理解比的表达属性，第二课时是从度量的角度来进一步认识比。对比的度量，有两种情况需要考虑，一种是同类量的倍数关系，一种是非同类量的倍数关系。因为关于比的表达属性的研究比较多，课例也比较丰富，所以这里重点阐述第二课时关于度量属性的教学思考及过程。

结合上面的思考，我确定了第二课时的学习目标和重点、难点。

学习目标：

1. 比较长方形的周长、面积、形状，从度量的角度进一步认识比。

2. 借助丰富的情境，让学生体会比能够刻画现象，比较相关程度等，感受比在生活中的价值。

3. 借助比快慢的情境，让学生体会不同类量也能够产生比，比的结果能够产生新的量。

4. 在建构新旧知识联系的过程中，加深对比意义的理解。

学习重点：借助生活情境，让学生从度量的角度认识比，全面理解比的意义。

学习难点：能用比的思维解决生活中较复杂的比较问题，发展数学素养。

为了实现以上学习目标，第二课时我设计了五个教学环节（如图2所示）。

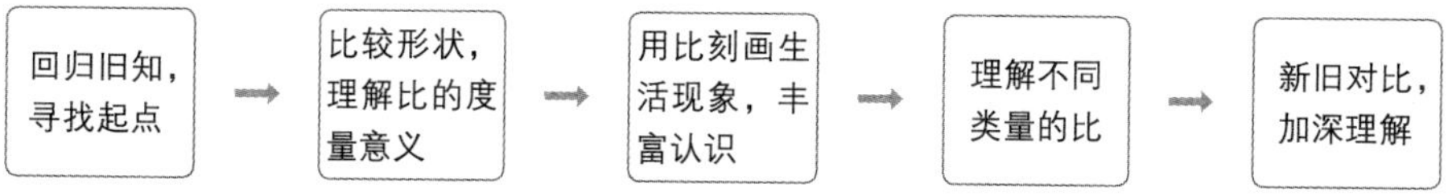

图2

环节一：回顾旧知，寻找起点。教师通过谈话，引领学生回顾第一课时对比的学习过程及理解，并引入第二课时的内容。

设计意图：巩固学生对比表达属性的理解，为后面拓展比的认识做好铺垫。

环节二：比较形状，理解比的度量意义。本环节分为三个小环节。第一个小环节，回顾之前学习过的比较，例如比身高等。第二个小环节，出示多个图形，引发学生讨论：可以比较周长的长短，也可以比较面积的大小，还可以比较图形的胖瘦。第三个小环节，学生探究比较形状的方法。这也是学生理解比的度量意义的过程。

设计意图：第一个小环节，通过交流，唤起学生比较的经验。第二个小环节，课件演示周长、面积的比较方法，使学生明晰比较的本质：比较计量单位的多少，感受度量的重要性。第三个小环节，利用比较图形胖瘦的情境，使学生感受到有些比较是需要关注两个因素的；对较复杂的比较，需要先确定相关要素，也就是确定相关联的量，再进行比较。通过探究活动，让学生理解利用长与宽的比能够度量形状是否一样，初步感知比与以往学习的比较的不同，构建新的思维方式。学生在解决问题的过程中，感受比的度量价值，发展数学素养。

环节三：用比刻画生活现象，丰富认识。这是一个开放的环节，让学生寻找生活中应用比的思维去度量某个事物的例子，以加深学生对比的理解。

设计意图：加深学生对比度量意义的理解，提升学生在生活中发现数学、应用数学解决生活问题的能力。发展学生的素养，激发学习的兴趣。

环节四：理解不同类量的比。借助马拉松选手与骑车人比快慢的情境，引发学生关注不同类量的比，全面理解比的意义。

设计意图：借助生活情境，让学生体会比能够刻画现象的程度，不同类量的比能够产生新的量，拓展学生对比的理解，使其充分感受到比在生活中的应用价值。

环节五：新旧对比，加深理解。回顾本节课的学习内容、第一课时的学习内容等，引发学生关于在两节课上认识的比有什么不同的讨论，使学生对比形成一个完整的认识。

设计意图：通过对比，建构数学知识之间的联系，加深学生对比意义的理解。

【课堂实践，学习真实发生】

“比的认识”这一教学内容分两课时完成。第一课时，主要理解比的表达意义。第二课时，主要理解比的度量意义。这里重点阐释第二课时的教学。

第一课时，理解比的表达意义

首先，教师通过问题引入教学：“谁知道比？什么是比？说一说生活中的比。”学生对比并不陌生，所以，一开始教师提出问题，让学生联系生活实际，寻找生活中的比，并且发现、提出问题，为后面拓展比的认识做铺垫。接下来，教师出示了一个圆形和三个三角形，并提出问题：“看到这些图，你想怎样描述它们的关系？”学生在描述图形的数量关系时，建立比和份数、倍数、分数之间的联系，初步理解比的意义。然后，教师提出问题：“圆与三角形的个数比是1:3，你还能想到其他情况吗？”学生在思考与交流的过程中，逐步建立比的概念，加深对比的表达意义的理解。之后，学生再认识比各部分的名称，进一步加深对比的意义的理解。最后，回顾问题，让学生感受比在生活中的广泛应用，为用比解释生活中的复杂问题做铺垫，为第二课时的学习奠定基础。

第二课时，理解比的度量意义

环节一：回顾旧知，寻找起点。

对上一节课的学习内容进行回顾，复习比的相关知识。

环节二：比较形状，理解比的度量意义。

1. 回顾以前学过的比较。

在之前的学习过程中，学生学习过数的比较。教师提出问题，唤起学生的比较经验。

师：从一年级开始，咱们是不是就在进行比较，咱们比过什么？

生：同学比身高（高矮）。

生：比考试分数的高低。

生：比年龄的大小。

…………

2. 在比较周长、面积的过程中，唤起学生的比较经验。

师：（出示图3）针对这些图形，你能比什么？

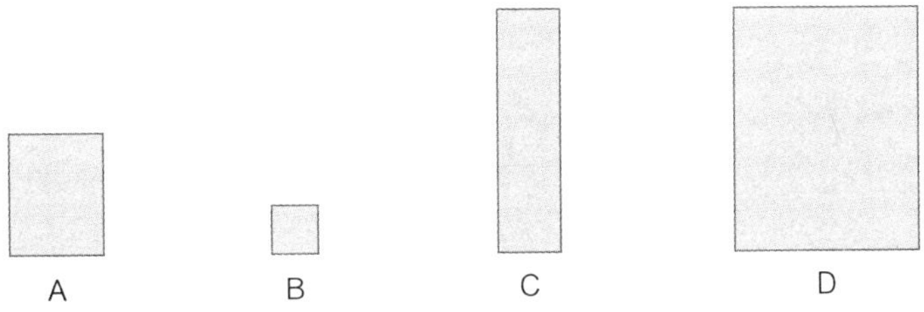

图3

生：可以比面积的大小。

生：可以比周长（的长短）。

生：还可以比形状。

师：周长和面积，你们都会比吗？怎么比？

生：如果比面积的话，就先求出这四个图形的面积，再比较一下；如果比周长，就先求这四个图形的周长，再比较一下。

师：它们的周长和面积，你们怎么求？

生：我们学过，周长就等于长加宽的和再乘以2。

师：我们有很好的公式，可以求出它们的周长和面积。如果没有公式，我们能不能比周长和面积呢？

（教师用课件演示长度单位、面积单位累加的过程，如图4所示）

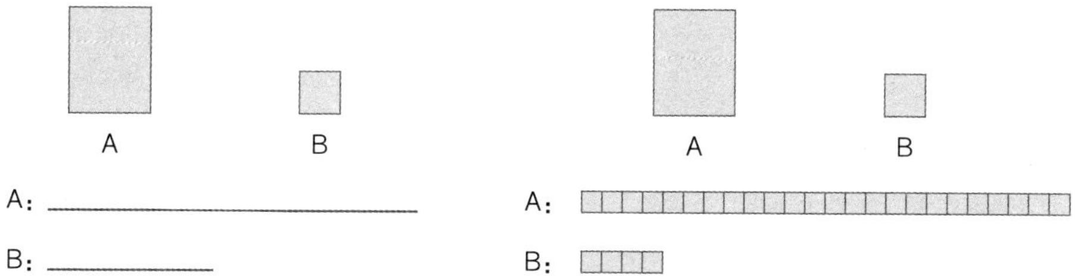

图4

师：我们看一下，这两个图形的周长能比出来吗？这样是不是更清楚了，一眼就能看出哪个图形的周长更长？

生：A。

师：能比面积吗？怎么比？用小方块比，哪个图形的面积更大？

生：A。

师：再来看我们刚才提到的比较，你有什么发现？

生：有的好比，一看就能看出来，比如身高。有的不好比。

生：只要量出数就好比较了。

师：你的发现很重要，“只要量出数就好比较了”。那我们在比什么呢？比长短是在比长度单位的多少。比面积是在比面积单位的多少。本质上都是比较计量单位的多少。

卡点处理：比较的实质是比较计量单位的多少，对这一点学生理解起来比较困难。教师通过课件演示，使学生体会到比较周长和面积实质上是比较长度单位和面积单位的多少，从而唤起学生的经验，帮助学生理解。

3. 让学生在比较形状的过程中，理解比的度量意义。

师：（出示图5）刚才有学生提到可以比较形状，难道它们的形状不一样吗？

图5

生：我认为它们的形状还是不一样的，因为它们的长和宽都不一样。

生：有些长方形比较窄。

生：还有的长方形比较宽。

生：我觉得它们和人一样，有的胖一些，有的瘦一些。

师：刚才有学生提到有的图形瘦一些，有的图形胖一些。好好看看，你觉得哪个图形更瘦？然后跟大家说说理由。

（1）直观判断，让学生体会比较形状要看长、宽两个量。

生：我觉得C比较瘦。C的长跟D是一样的，但C的宽比D要短得多。

生：我也觉得C比较瘦，因为A比C要宽，但是C比A要长。

师：比较图形的胖瘦和以前学过的比较有什么不一样？谁发现了？

生：以前学过的比较只要量一下就好了，现在不行了。

生：比较胖瘦既要看长，又要看宽。

师：比高矮只看高度，比图形的大小只看面积，只看一个量就好了。而比形状是否一样，我们既要看长，又要看宽，因为胖瘦和长、宽都有关。它们之间有什么关系呢？

生：(宽相等的情况下）越长越瘦。

生：宽长就会显得胖。

生：宽越短，长越长，它就越瘦。

（2）创造方法比较形状是否一样，让学生感受比的度量意义。

（教师出示：长方形A长6厘米，宽4厘米；长方形D长12厘米，宽8厘米）

师：长方形A、D的形状一样吗？

（学生先独立完成，然后全班交流、汇报）

生：如果我们把长方形A的长和宽扩大到原来的两倍，它的长6厘米就变成了12厘米，它的宽4厘米就变成了8厘米，长方形A就等于长方形D，它们的形状是一样的。

师：听得懂他是怎么比的吗？谁能再说一遍？

生：我把他的方法画出来了。这是长方形A，把它的宽和长都扩大到原来的两倍，就变成了四个长方形A，也就是一个大的长方形D，所以，这两个长方形的形状一样。

师：他的解释你能理解吗？

生：能。

师：从他画的图，咱们一眼就能看出长方形A的长扩大到原来的两倍，宽也扩大到原来的两倍，这两个图形的形状就一样了。

…………

生：我用长方形A的宽除以长等于4:6，然后简化就是2:3。用长方形D的宽除以长就等于8:12，然后简化也是2:3，所以，它们的形状一样。

师：说得很清楚。你再跟大家分享一下，他是怎么判断的。

生：他的方法就是，长方形A的宽和长的比是2:3，长方形D的宽和长的比也是2:3，长方形A和长方形D的宽长之比是一样的，所以，它们的形状就是一样的。

…………

（教师概括比较形状是否一样的方法，并提出新问题“怎么判断哪个长方形最瘦，哪个最胖”）

环节三：用比刻画生活现象，丰富认识。

教师让学生寻找生活中有用的比。学生先独立思考，然后小组交流，达成一致意见。接下来全班分享。通过配糖水的例子，让学生体会糖与水的比能够刻画糖水的甜度，度量糖水甜不甜。通过和面的例子，让学生体会面与水的比能够刻画面的硬度，度量面硬不硬。

环节四：理解不同类量的比。

1. 教师提出问题：马拉松选手和骑车人谁的速度更快？

2. 教师提供学生需要的信息（如表5所示）。

表5

	路程	时间
马拉松选手	600 米	2 分钟
骑车人	750 米	3 分钟

3. 学生独立思考比较的方法。

4. 全班分享。

（1）分享比的方法。

（2）教师提出疑问：600米和2分钟能比吗？

（3）全班交流讨论。

（4）建立路程和时间的比与速度之间的联系。

师：(小结）比快慢是个老问题，我们一直用速度进行比较。今天我们是用路程与时间的比来比较快慢的……

环节五：新旧对比，加深理解。

师：这节课我们一直在比较，从以前学习过的比身高、比长短、比周长、比面积，再到今天的比形状是否一样等。你觉得今天的比较和以前的比较一样吗？

生：不一样。

师：哪里不一样？

生：我认为今天的比较更加便捷。以前的比较，如果是除法，就得先计算出结果再比较；这个不需要计算出结果，可以直接比较。

师：你体会到了比的便捷性。还有不一样的地方吗？

生：我也认为这两个不一样。比是比它们的倍数关系，咱们以前学的比较就是比有单位的东西，以前就是比量，现在是比率。

生：比就像一把尺子，可以帮助我们量很多东西。

师：昨天我们学习了比，今天又学习了比，你有什么新的感受和收获吗？你想对比说点儿什么？

…………

【教学反思，看见学习成长】

一、学习“比的认识”要和生活联系起来

“比的认识”这一教学内容，和生活联系紧密。在小学阶段，教师对数学概念的引入要联系生活，至少不应当与学生日常生活的经验相悖。因此，学生应该在实际情境中理解比的含义，并能运用比来分析并解决相关的现实问题。教学中，我们选择了很多和生活相关的事例，例如，配糖水，比速度快慢等。这可以使学生感受到比的实际意义，体会到比的应用价值；感受到生活中处处有数学，数学是为我们的生活服务的。

二、学习“比的认识”要兼顾表达与度量

比的本质是两个数量倍数关系的表达与度量。在现实生活中，比的表达和度量意义都很重要。例如，在和面、配糖水的情境中，比的表达意义就比较突出；在比较小区人口密度、绿化情况的时候，比的度量意义就比较明显。但是我们的课堂时间有限，一节课很难让学生完整地认识比。因此，我们将比的认识分为两课时，第一课时主要理解比的表达意义，第二课时主要理解比的度量意义。这样一来，时间就相对充裕了，便于学生完整地认识比。

三、比是一种思维

比为人们提供了解决问题的思维路径。例如，描述一个国家的富裕程度就是一个复杂的问题，但是比给我们提供了很好的解决方法。19世纪德国统计学家恩格尔根据统计资料得出一个规律：一个家庭收入越少，家庭收入中（或总支出中）用来购买食物的支出所占比例就越大；随着家庭收入的增加，家庭收入中（或总支出中）用来购买食物的支出比例则会下降。推而广之，一个国家越穷，每个国民的平均收入中（或平均支出中）用于购买食物的支出所占比例就越大；随着国家不断富裕，这个比例呈下降趋势。这就是著名的恩格尔系数。我们可以发现，恩格尔系数的实质是食品消费支出与消费总支出的比。如何在生活或学习中给学生提供运用比的思维来解决问题的机会，是我们要持续思考的问题。

【专家视角，助推研究前行】

“比的认识”这节课的教学设计最大的亮点就是，突出了对学生数学高阶思维的培养。首先，陈俊荣老师引导学生认识到过去我们比较长度单位和面积单位的多少是一种度量活动，现在比较长方形的形状也是一种度量活动。学生从一开始觉得不能比，到后来创造性地想出了用长和宽的比来比较长方形的形状，构建了新的思维方式，在解决现实问题的过程中感受到了比的度量价值。接着，陈老师又刻画了多个生活现象来丰富学生对比的这种度量意义的认识。比如，比快慢，它是不同类量的比，能够产生新的量。学生在这个过程当中体会到了比量和比率的不同，感受到了比就像一把无形的尺子，进一步深化对比意义的理解。

当然，本节课的教学还有需要改进的地方。比如，在“直观判断，让学生体会比较形状要看长、宽两个量”这个环节，学生的回答并没有完全解决教师的问题，只是将C与D、A进行了比较，没有将C和B进行比较。如果教师在学生回答的基础上，要求学生用充分的理由说明为什么C更瘦一点儿的话，学生的思维层次应该会更高一些。要说明C更瘦，学生既可以通过有序思考进行两两比较得出，也可以先直观判断C更瘦，然后用C和另外三个图形进行比较得出。可能还有其他方法，但至少可以让学生对这两种完整的思路与不完整的思路进行比较和评价，进一步体会到有序和完整思考的好处。为了便于学生完整思考，也可以将B和C直接比较，教师可以将B的宽画得和C的宽一样。

另外，在“创造方法比较形状是否一样，让学生感受比的度量意义”这个环节，学生可能并没有完全体会到比的用法比同扩同缩的方法更有优势，而且比的用法可能更复杂一些。因为同扩的方法6 × 2=12，4 × 2=8是两步，计算比较简单，而比的方法6:4=3:2，12:8=3:2也是两步，计算步骤还麻烦一些。所以，教师也许可以再增加一个长和宽分别是18厘米和12厘米的长方形，问它是否和A、D形状一样。这样，学生就只需要看长和宽的比18:12=3:2这一步就可以了，而不需要像同扩同缩法那样都需要两步。通过分析和评价这两种比较方法，学生便能体会到比的好处。

>>> 点评专家：北京师范大学教授　张春莉

“远观”与“近看”，感受函数的无处不在
——“变化的量”教学实践与思考

【发现问题，开启研究】

第一节课好像没什么用，为什么要留着？

“变化的量”是北师大版六年级下册第四单元“正比例与反比例”的第一课时。

在某个班学完这一单元之后，我们进行了后测，想了解学生对这一单元的整体感受。结果发现有一位学生是这样说的：“第一节课好像没什么用，为什么要留着？”学生的问题，成为我们探索这节课的起点。第一节课到底有没有用？如果有用，有什么用？

为了寻找问题的答案，我们首先对比了三个版本（人教版、苏教版、北师大版）的教材。三个版本的教材对相关内容的设计（如图1所示），最大的区别是，只有北师大版教材单独设计了“变化的量”这一课时。

对这一课时，有的学生感觉到学习之后“没有什么用”，而多数版本的教材也没有设计这个教学内容。难道这节课真的没有什么价值吗？如果有价值，这节课究竟有什么样的价值？教师又如何通过这一课时的教学，促进学生发现新的生长点？

人教版

比例的意义
比例的基本性质
解比例
正比例
反比例
比例尺
图形的放大与缩小
用比例解决问题

苏教版

比例
比例的基本性质
解比例
比例尺
图形的放大与缩小

正比例
反比例

北师大版

比例的认识
比例的应用
比例尺
图形的放大和缩小

变化的量
正比例
反比例

图1

【聚焦教材，从单元视角思考】

“变化的量”是对正比例、反比例关系的一次“远观”。

为了回答“第一节课好像没什么用，为什么要留着”，我们首先需要走进“变化的量”这一课（如图2所示），了解其具体内容的设计，并对照《义务教育数学课程标准》（2011年版）进行分析，发现其价值。

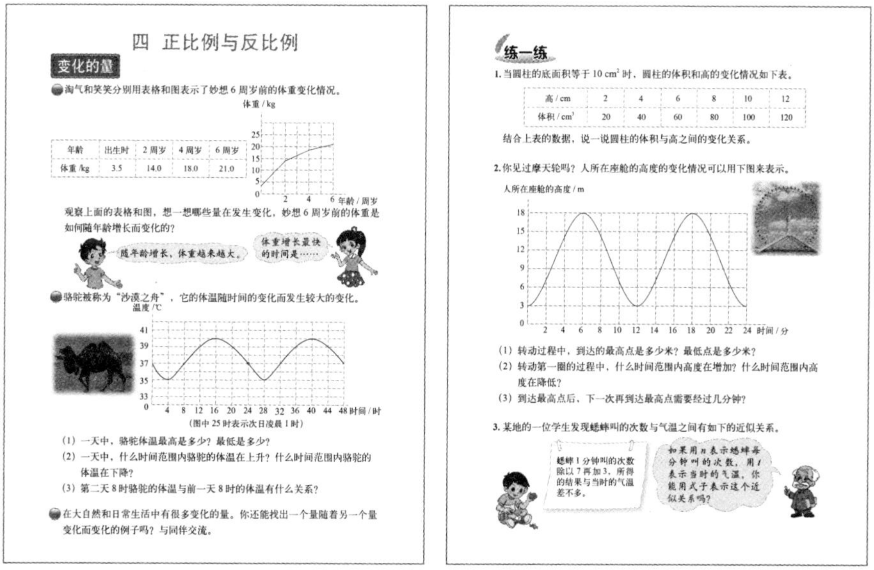
四 正比例与反比例

变化的量

淘气和笑笑分别用表格和图表示了妙想6周岁前的体重变化情况。

年龄	出生时	2周岁	4周岁	6周岁
体重/kg	3.5	14.0	18.0	21.0

观察上面的表格和图，想一想哪些量在发生变化，妙想6周岁前的体重是如何随年龄增长而变化的？

骆驼被称为“沙漠之舟”，它的体温随时间的变化而发生较大的变化。

(图中25时表示次日凌晨1时)

(1) 一天中，骆驼体温最高是多少？最低是多少？
(2) 一天中，什么时间范围内骆驼的体温在上升？什么时间范围内骆驼的体温在下降？
(3) 第二天8时骆驼的体温与前一天8时的体温有什么关系？

在大自然和日常生活中有很多变化的量。你还能找出一个量随着另一个量变化而变化的例子吗？与同伴交流。

练一练

1. 当圆柱的底面积等于10 cm^2 时，圆柱的体积和高的变化情况如下表。

高/cm	2	4	6	8	10	12
体积/cm^3	20	40	60	80	100	120

结合上表的数据，说一说圆柱的体积与高之间的变化关系。

2. 你见过摩天轮吗？人所在座舱的高度的变化情况可以用下图来表示。

(1) 转动过程中，到达的最高点是多少米？最低点是多少米？
(2) 转动第一圈的过程中，什么时间范围内高度在增加？什么时间范围内高度在降低？
(3) 到达最高点后，下一次再到达最高点需要经过几分钟？

3. 某地的一位学生发现蟋蟀叫的次数与气温之间有如下的近似关系。

图2

通过对这一课时进行分析，我发现其中安排、设计了多个实例，目的是引导学生感受变量之间的关系。

《义务教育数学课程标准》（2011年版）指出，模型思想的建立是学生体会和理解数学与外部世界联系的基本途径。建立和求解模型的过程包括从现实生活或具体情境中抽象出数学问题，用数学符号建立方程、不等式、函数等表示数学问题中的数量关系和变化规律，求出结果并讨论结果的意义。针对其中提到的函数，《〈比例〉课标解读》指出："小学阶段并不出现函数的概念，而是让学生在现实情境中具体感知两个量之间的关系。这样，一是使学生对数量关系的认识和理解更丰富；二是为第三学段进一步学习正比例函数和反比例函数，以及学习一般的函数知识做准备。"

由此可见，北师大版教材的设计，从"变化的量"再到"正比例""反比例"，是在努力落实课程标准的要求。因此，第一课时"变化的量"是对正比例、反比例关系的一次"远观"。也就是通过分析变化的量之间的关系，让学生感受到有的变化的量是彼此独立、不相关联的，而有的变化的量是相关联的。有的关联是没有规律的，例如年龄与体重之间没有明确的变化规律。有的关联是有规律的，例如骆驼的体温与时间的关系，而且规律还有各种形式，如蟋蟀叫的次数和气温之间的关系与圆柱的体积和高之间的关系是不同的。在"远观"的基础上，让学生对各种关系进行"近看"，深入研究规律，认识正比例与反比例的意义，感受变化中的"不变"，以及"不变"中的变化。

【走近学生，发现生长可能】

"强势"的常量思维与"弱势"的变量思维。

从教材设计与《义务教育数学课程标准》（2011年版）《〈比例〉课标解读》的描述可以看出，学生在本课的学习过程中，应该对丰富的数量关系有一定的认识。那么，学生已有的经验基础是什么样的呢?

我按照教材的设计（参见第81页图2），将丰富的变量关系以具体例子的形式呈现给学生，发现绝大部分学生都能从具体的例子中找到变化的量，并能根据给出的表格等，分析变化的量之间的关系（如表1所示）。这与学生之前已经掌握了丰富的统计知识和方法有一定的关系。

表1

能够清楚地分析变化的量之间的关系	不能发现二者的关系
96%	4%

学生能够分析变化的量之间的关系，就达到了本节课的学习目标了吗？如果面对真实的生活情境，在没有两个具体量的表达的情况下，学生还能不能发现变化的量？能不能从变化的量的角度思考二者之间的关系呢？为此，我进一步进行了学生调研。我展示加油站显示屏（如图3所示），看学生面对一个真实、具体的情境，能不能主动发现变化的量，并通过具体的数学方式来表达、分析变化的量之间的关系。

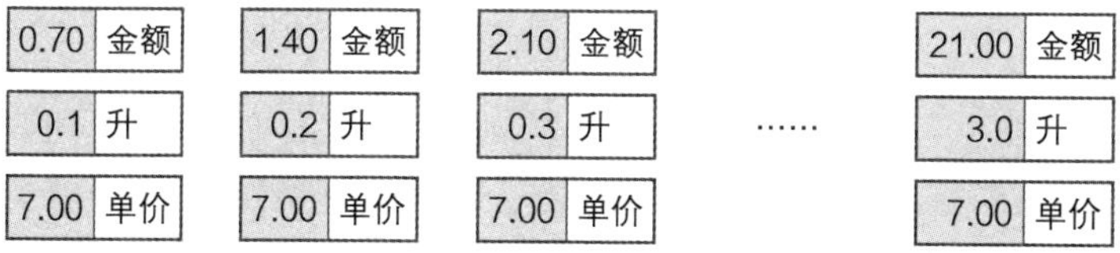

图3

结果发现，92%的学生能正确地找到相关的变化的量，其中，有68%的学生能从定量的角度描述二者的关系，有32%的学生能从变化的量的角度描述二者的关系（如表2所示）。由此可见，在思维方式上，学生更习惯于传统的常量思维，从数量关系的角度解读问题。

表2

能正确地找到相关的变化的量	能描述升数与金额之间的变化关系	
	从定量的角度	从变化的量的角度
92%	68%	32%
举例	金额 ÷ 数量 = 单价 例：0.7 ÷ 0.1 = 7 1.4 ÷ 0.2 = 7	数量每增加 1 份，金额（总价）也会相对应增加 1 份

由学生调研结果可知，对已有的变化的量的表达，学生能够很好地进行分析、解读。但是，如果需要学生主动发现、提出两个变化的量，并试图用数学的方式表达、分析二者之间的关系，学生更容易从数量关系的角度思考问题，而不是从变化的量的角度思考问题。在寻找相关的变化的量时，学生更依赖于生活经验，缺乏从数学角度寻找变化的量的意识，这不利于学生发现规律。

简而言之，学生看似优秀的表现背后暗藏着思维方式转变之“难”。

【寻找方向，明晰学习路径】

引导学生从常量的世界进入奥妙无穷的变量世界。

基于前面的教材分析与学生调研，我产生了这样的想法：通过教学设计，进一步丰富教材中的素材，引导学生从常量的世界进入奥妙无穷的变量世界，为学生函数思想的发展提供基本活动经验，帮助学生积累并打下函数学习的素养基础。

结合上面的思考，我确定了这节课的学习目标和学习重点、难点。

学习目标：

1. 能够从数学的视角在生活事件中寻找“量”，并初步感知“量”与“量”之间可能存在的关系。

2. 结合具体的数学情境认识“变化的量”，并通过描述活动，了解其中一个变量是怎样随着另一个变量变化的，知道列表、画图与关系式等都是表示变量关系的常用方法，积累表征变量的数学活动经验。

3. 通过举例与交流活动，体会生活中存在着大量相互依存的变量，了解日常生活中一个变量随着另一个变量变化是普遍存在的现象。

4. 能够初步感受变化的量之间存在的“不变”，即规律，并能够通过分析初步感受规律的不同。在此基础上，培养抽象能力，发展函数思想和模型思想。

学习重点：结合具体的数学情境认识“变化的量”，并通过描述活动，了解其中一个变量是怎样随着另一个变量变化的，知道列表、画图与关系式等都是表示变量关系的常用的方法，积累表征变量的数学活动经验。

学习难点：初步感受变化的量之间存在规律以及规律的不同。

为了实现以上学习目标，本节课我设计了四个教学环节（如图4所示）。

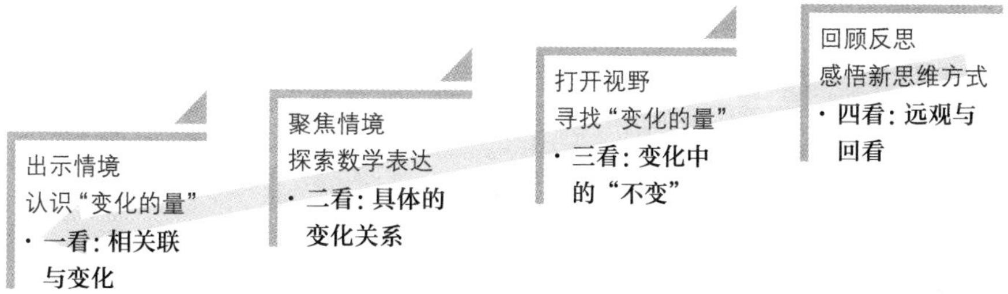

图4

环节一：出示情境，播放动画片《熊出没》的片段。学生在具体情境中感受变化的量，认识到我们生活在一个变化的世界中。教师要引导学生从数学的角度探索现实世界中的变化及规律。

设计意图：生活中存在很多的量，有的量在不断发生变化，有些变化量之间有关系，有些变化量之间则没有关系。学生要能根据具体情境，明确什么是相关联的量，什么是不相关联的量。

环节二：引导学生用数学的方式表达自己的身高和时间之间的变化关系。本环节聚焦情境，引导学生从发现、表达、分析的全过程中主动感受与体验变化的量之间的关系，逐渐养成变量的思维方式。

设计意图：引导学生发现相关联的变化的量，并利用数学的方式（文字、语言、图表和关系式等）表达两个量之间的关系，解读两个量之间究竟是什么关系。

环节三：引导学生打开视野，寻找生活中广泛存在的“变化的量”，用多样化的方式表达生活中变化的量之间的关系，进而对各种关系进行分析、对比、分类。

设计意图：在学生积累经验的基础上，教师由扶到放，引导学生自己发现并用数学语言描述两个量之间的关系，然后通过分析、对比，感受不同的量之间关系的差异，发现即使两个量之间存在变化的规律，规律也有异同。为学生后面的学习奠定经验基础和认知基础。

环节四：引导学生再次回顾课上研究的各种关系，并和之前的认识进行对比。

设计意图：引导学生从常量的世界进入奥妙无穷的变量的世界，开始接触一种新的思维方式。

【课堂实践，学习真实发生】

一、出示情境，认识“变化的量”：一看，相关联与变化

播放《熊出没》的片段：熊二想看看自己的身高情况，找了一棵向日葵，在上面做了一个标记，记录自己的身高。结果过了一段时间，熊二发现自己居然“变矮”了，之前的标记比自己更高。

借助这样一个学生熟悉的情境，让学生观察其中有哪些变化的量，哪些量之间是有关系的，有什么关系，初步感受相关联和不相关联的变量关系。

二、聚焦情境，探索数学表达：二看，具体的变化关系

在学生总结出“在一段时间内，时间越长，小熊的身高越高”之后，教师引导学生认识到“身高”和“时间”是两个相关联的量，意识到自己的身高和时间之间的关系也是这样的。

让学生用数学的方式表达自己的身高和时间之间的变化关系。在学生尝试表达之后，全班交流。交流聚焦于不同的表达方式，引导学生读懂这些表达方式及表达的内容。

教师出示了两点要求：

1. 你用什么方式表达了哪两个量之间怎样的关系？

2. 请分享者分享你们的观点；倾听者可以从启发、建议、问题三个方面进行互动。

在教师的引导下，学生能够围绕“表达方式”“两个量”“怎样的关系”进行表达与交流。

经过观察、思考与交流，学生呈现了丰富的表达方式，如文字描述、列表、画图等。虽然他们的表达方式不同，但都描述一件事：随着时间的变化，身高也在不断变化。再次回顾了变量之间存在的关系形式。

三、打开视野，寻找“变化的量”：三看，变化中的“不变”

在学生明确了“身高”和“时间”是两个相关联的量，尝试用多种方式表达它们之间的关系后，再让学生思考生活中还有没有“一个量变化，另外一个量也随着变化”的例子，并且进行表达。

1. 学生自主选择两个变量，分析它们之间的关系并且进行表达。

2. 全班交流，聚焦于“商一定”的实例（正比例）或其他定量的关系。

选择一个特殊的例子，供学生分析、研究。首先，引导学生思考要表达的是哪两个量之间的关系，它们是什么样的关系；然后，思考它们的关系与“身高”和“时间”的关系是否一样。

教师呈现学生的作品（如图5所示）。

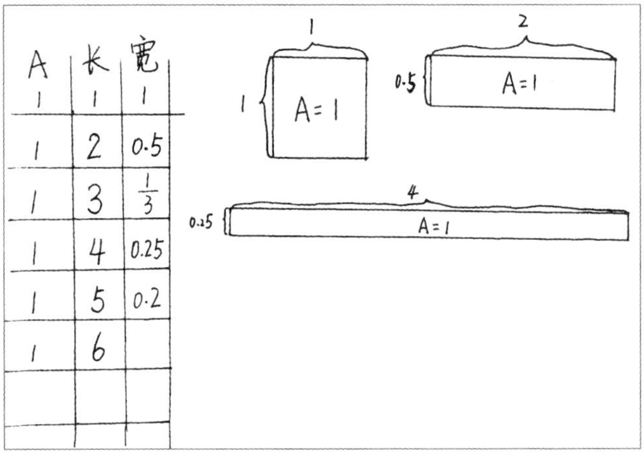

图5

生：这些图形的面积都是1。先是长和宽都是1，当长扩大到原来的2倍时，要想保证面积一样，宽就得缩小到原来的$\frac{1}{2}$，即0.5。长逐渐扩大，宽逐渐缩小，组成了各种长方形，但是它们的面积都是1。

师：刚才她在表达这种关系的时候，加了一个“但是”，谁听清楚了她后面说的那句话？

生：面积都是1。

师：我们研究的是变化的量，她居然从变化中发现了不变的东西。你们发现了吗？谁再说说，在面积不变的情况下，长和宽是怎么变化的？

生：我们先看右边的图，一会儿再看左边的表。所有图形的面积都是1，这三个图形，虽然长和宽发生了变化，但是面积不变。边长为1的正方形，面积也是1，这个是不变的。这个长方形的宽是0.25，也就是$\frac{1}{4}$，要让它的面积始终保持1，它的长应该是1除以$\frac{1}{4}$，等于4。同理，长方形的长是2，宽是0.5，面积还是1。为了更清楚地展示它们之间的关系，她列了一个表。这个表，第一列是面积，都是1；第二、第三列分别是长和宽，可以是长1、宽1，长2、宽0.5，长3、宽$\frac{1}{3}$、长4、宽0.25，长5、宽0.2……

师：听明白了吗？她不但讲清楚了，还能够理解前面那位同学为什么用列表的形式来表达，特别会读懂别人。这个关系和我们刚才研究的身高和时间的关系一样吗？

生：一样的地方就是，一个量随着另一个量的变化而变化。高度随着时间的变化而变化。同样地，宽随着长的变化而变化。不一样的地方就是后面这个面积是不变的。

将一个定量的例子与之前的例子进行对比，引导学生发现有的关系是有规律的，感受变化中的“不变”。

3. 学生对之前两种变量之间的关系有了一定的了解之后，教师引导学生在小组内交流自己的作品，并思考自己所列的变量关系与之前这两种变量关系有什么相同和不同的地方，将部分学生的作品贴在黑板上（如图6所示）。

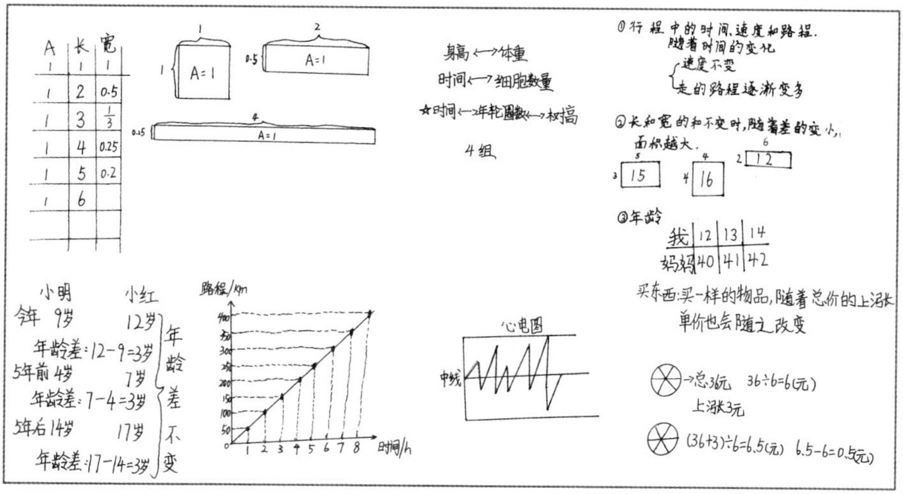

图6

教师组织全班学生分享交流：某个作品表达了哪两个量怎样的关系？和之前的两个例子相比，哪里不一样？要使学生理解同样是两个量的变化关系，有的变化是没有规律的，有的变化是有规律的，而且规律也有不同，为后续正比例与反比例的学习奠定基础。

四、回顾反思，感悟新思维方式：四看，远观与回看

最后，引导学生回顾课上研究的各种关系，要让学生清楚地感受到自

己思考、分析变量关系的不同视角。

【教学反思，看见学习成长】

这个课例，我设计了教与学的具体路径，培养了学生的函数思想，甚至是模型思想。

一、引导学生经历“远观”变化的量之间关系的过程

通过分析变化的量之间的关系，让学生感受到有的变化的量是彼此独立、不相关联的，而有的变化的量是相关联的。有的关联是没有规律的，而有的关联是有规律的，而且规律也有不同。变化的量是“正比例与反比例”单元重要的知识基础，需要引导学生调动已有知识和经验，体会变化的量之间的关系，拓宽学生的知识背景。

二、从发现、表达、分析的全过程中感受变化的量之间的关系

由学生调研结果可以发现，学生能够根据已有表达很好地分析两个量之间的关系，但是在发现、提出两个变化的量，并表达、分析二者关系时存在着思维方式的路径依赖。为了突破这种路径依赖，我引导学生经历发现、表达、分析变化的量的全过程，从而丰富学生的思维方式。

三、素材均源于学生，体现了素材的丰富性

本节课的素材丰富，均源于学生。这不仅充分调动了学生的经验，而且促使学生用新的视角审视、思考自己熟悉的问题。

四、引导学生“四看”，视角丰富，层层递进

我先呈现一个开放的情境，引导学生发现变化的量，并通过多种方式表达变化的量之间的关系。在这个过程中，引导学生“四看”：一是引导学生看“相关联”；二是引导学生看“变化”；三是引导学生看“规律”；四是引导学生回头再看，感受新的思维方式。

【专家视角，助推研究前行】

从教学设计的角度看，陈俊荣老师对这节课的准备很充分，实际上已经是一次对“变化的量”比较全面的教学研究了。例如，陈老师注重从课程标准的视角分析教材和设计教学，从学生发展的视角设计“发现关系—具体描述—找出不变量……”这样与主题贴合的教学流程，而且她对自己的教学预设都能给出小范围的验证，或援引已经发生过的实际教学片段等，这种强调教学依据的做法，已经超出一般教学设计的范畴，具有了一般教育科学研究的特征，这一点很可贵。与这些相关的内容我们比较容易在字里行间找到，但陈老师为什么这么做，可能就一下子看不出来或一下子找不到，所以我想对此做一点儿分析，着重谈一谈她对“变化的量”这一内容的理解和把握问题。

表面看上去，“变量”的确不是小学的内容，像“正比例与反比例”这样的内容要不要留在小学人们一直有争议，原因就在这里。从教学的角度，如果循着“教材写什么就教什么”的传统教学思路，这个内容的教学设计，只需按教材的编排顺序照本宣科即可。如果还是觉得有点儿难、学生不好接受，在教学上蜻蜓点水一闪而过，也出不了什么大事，而且目前也只有一套现行的小学教材专门安排了这个内容。

正是这个与众不同的内容设置，使陈老师产生了要在教学上深入了解、一探究竟的欲望，想要通过弄清为什么要这样安排，从根本上把握这一节的教学核心。这就比较自然地触及了“变量”在小学阶段的教育意义，在一定程度上回答了为什么小学教材需要“变化的量”。

简单说来，数学是研究关系的，或者说是研究表面上不同的事物有着怎样的内在联系。例如，小学数学中整体和部分之间的关系，已知和未知之间的关系等。小学数学的每一个概念都与关系有关。关系是一种客观存在，而数学的任务就是要把这种客观存在用数学语言表示出来。例如，已知和未知之间的关系可以用一个式（等式）表示，整体和部分之间的关系可以用一个数（分数）表示，等等。关系一旦确定，无论是“数”还是“式”的结果和样式就都固定下来了，这样的关系通常被称为常量关系。如果这两个量之间的关系能够有规律地动起来，而且是一个随着另一个有规律地动起来，那就是变量关系了。常量关系只局限在地球上一个固定的区域里、具体的事物中，而变量关系则延伸至浩瀚的宇宙，表示出无尽的未来。

我想通过上面这个粗浅的分析说明：如果对小学数学关系及其表示的讨论就到常量为止，那真是个遗憾，因为常量和变量关系之间只差一层窗户纸，不捅破，会失去很多唾手可得的教育价值。于是，最简单的线性关系——正比例，就在小学出现了。但问题也同时出现了，对小学生来说，一方面，理解比例有点儿难；另一方面，即使不理解也不影响解比例。既然如此，理解变得可有可无，比例的内容就演变成纯粹的计算技术，变化的量无从谈起。长期以来就是这样的状况，如果一直这样，把比例放在中学再学，真的也无妨。

于是，有的教材就在关系和比例之间设置了一个过渡，专门讨论变化的量，这是改变上述状况的一个合理举措。可惜，如此重要的举措，只有一版教材的编者意识到，而在教学当中又有多少教师会意识到教材编者的用心？可喜的是，陈俊荣老师意识到了，理解到了，并能从理论和实践相结合的角度，沟通教材目标和学习目标之间的联系，设计了以“找规律”为方向的基本教学思路和教学程序。

顺便说一下，在该课例中并没有用“找规律”这个词，但我能从中读出找规律的成分。无论陈老师所说的函数思想还是模型思想，或函数思想和模型思想的交叉部分，都是找规律，都离变量关系不远。如果把这些教师较难理解的“思想”都用“找规律”来替代，本文的特点可能会更鲜明、更突出，更有借鉴意义。“找规律”是“发现”的基础，是“创新”的温床。小学教育确实离函数、模型等还有一段距离，但从让学生乐学、好学开始，以找规律为主线，我们的确可以帮助学生插上想象的翅膀，激起他们探索的欲望，让学生触摸到“变”与“不变”之间的关系，对小学数学而言，这就够了。

>>> 点评专家：中央民族大学教授 孙晓天

第二辑 图形与几何

动静之间，揭开角的面纱
——“认识角”教学实践与思考

【发现问题，开启研究】

第一次认识角，应该从哪里开始？

“认识角”是北师大版教材二年级下册第六单元“认识图形”第一课时的教学内容。学生在一年级下学期直观认识了长方形、正方形、三角形、圆形，体会“面在体上”之后，在二年级下学期初步认识角，以便从边和角的特点进一步研究长方形、正方形的特征，初步认识平行四边形。在后续的学习中，学生会继续认识角、平行四边形，以及对三角形、梯形等图形进行研究，从边和角的特点来建构图形特征。

通过分析可以看出，认识角是后续学习平面图形的基础。这节课如此重要，应该从哪里开始呢？学生对角的认知又处于什么水平呢？通过什么样的活动能让学生全面、清晰地认识角呢？

【聚焦教材，从单元视角思考】

借助多种活动，从动、静两个角度全面地认识角。

为了回答“如何认识角”这一问题，我们首先需要走进“认识图形”这一单元，从单元的角度思考这节课承载的价值。本单元的思维框架和内容框架如图1所示。

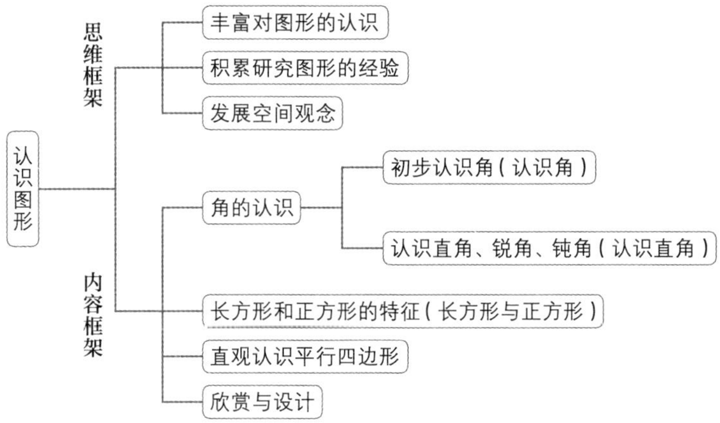

图1

本单元可以分为图形认识和图形欣赏两部分。其中，图形认识，分为角的认识、长方形和正方形的认识、平行四边形的认识。认识角是认识长方形、正方形、平行四边形的基础。

以“认识角”一课为例，教材情境图中呈现了剪刀上的角、钟表上的角、红领巾上的角，其中，前两个角是可以活动的。比较角的大小时，又呈现了活动角。长方形、平行四边形的认识，教材也呈现了长方形框架的拉伸。从单元教材分析可以看出，“认识图形”这一单元从动、静两个角度全面地认识图形。

《义务教育数学课程标准》（2011年版）指出：“空间观念主要是指根据物体特征抽象出几何图形，根据几何图形想象所描述的实际物体……”

这一单元的学习，强调结合生活中的实例，让学生经历从实际物体中抽象出平面图形的过程。在认识图形的过程中，学生从生活中的实物抽象出图形，借助观察、操作活动，积累认识图形的经验，丰富对图形的直观认识。那么，不同版本的教材都编排了哪些活动来帮助学生认识角呢？我从素材、角的呈现、操作活动三个方面，对北师大版、人教版、苏教版教材进行了对比（如表1所示）。

表1

	北师大版	人教版	苏教版
素材	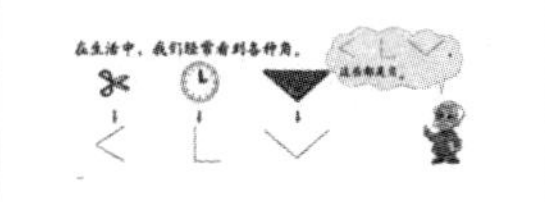		
	剪刀、钟表、红领巾	剪刀、钟表、三角板	三角板、纸袋、钟表
角的呈现	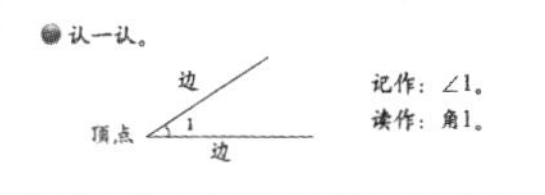	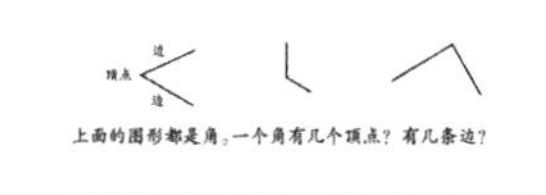	
	给出角的读、记方法	呈现不同方向的角	明确角的组成
操作活动	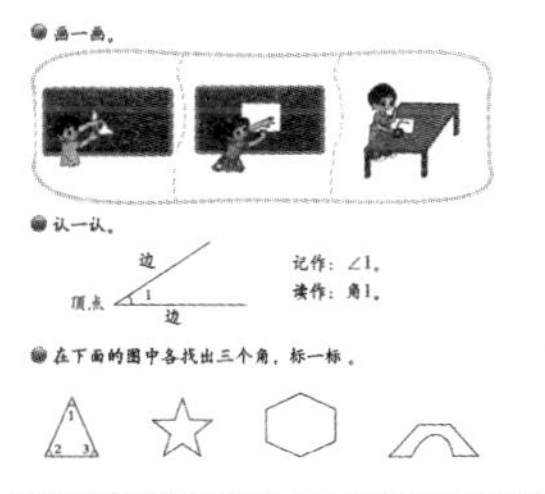		
	画一画，标一标 （做角安排在第二课时）	做活动角、折角、画角	做活动角

从素材可以看出，三个版本教材的素材原型都来源于学生的生活，其中，选用较多的是剪刀、钟表、三角板，因为它们有利于学生明确“角的概念”的本质。剪刀、钟表呈现出的是静止的角，但包含着可以运动、形成其他不同的角的含义。钟表上的角，还蕴含动态角的含义，学生可以感受指针旋转形成的角。三角板是学生常用的学具，学生对它非常熟悉，在后续学习直角以及利用直角判断锐角和钝角的时候，它是重要的工具。

从角的呈现可以看出，三个版本的教材都明确了角的组成：一个顶点和两条边。其中，人教版教材给出的角的两条边没有水平位置，显然是想让学生感受到角的方向不同，不影响角的本质。北师大版和苏教版教材都用弧线标注了角，引导学生关注两条边张开的程度，这有利于加深学生对角的认识。另外，北师大版教材指出了角的读法和写法。

操作活动能够帮助学生进一步了解角，感受角的本质。做活动角在人教版和苏教版教材中都有呈现，这能够引导学生关注角的张口的变化。用纸折角能够让学生关注角的顶点和边。北师大版和人教版教材都有画角的活动。画角能让学生直观体会角的构成是“两条直直的边”和“一个交汇的点”。

纵观教材，本课是学生第一次认识角，我认为素材应该来源于学生的现实生活，应从动态和静态两个角度出发，丰富学生对角的认识。

另外，学生对角的认识应该建立在丰富的观察和体验活动的基础上，学生在探索和思辨的过程中可以明确角的组成，体会角的内涵，从实物中抽象出数学中的角。

【走近学生，发现生长可能】

学生对角的认识是模糊的，认为角都是静止的。

学生对角的认知处于什么水平呢？

为了了解学生对角的认知起点，我对二年级的学生进行了调研，请学生写一写，画一画，用自己喜欢的方式表示角。学生对角的认知情况如表2所示。

表2

生活中的角	图形上有角	角的分类	画角
14人（39%）	10人（28%）	8人（22%）	4人（11%）
不能从数学的角度认识角	能从数学的角度描述角		

从前测结果可以得知，学生对角的认知起点不同。39%的学生不能从数学的角度认识角，比如，“动物身上的角”“元角分中的角”“桌子的角”等。61%的学生能从数学的角度描述角，在他们看来，角都是静止的。其中，28%的学生能从平面图形中找到角并描述角的特征，比如，“三角形有三个尖尖的角”“长方形有四个角”等。22%的学生谈到了角的分类，但没有描述什么是角，比如，“角分为直角、锐角和钝角”等。11%的学生画出了角。那么，这22个学生（占61%）对角的认知处于什么水平呢？我又对这22个能从数学角度描述角的学生进行了第二次调研。

调研题目：说一说，指一指图2中的角在哪里？

图2

调研结果：认为有3个角的有14人，占64%；认为有1个角的有8人，占36%。

指角时，学生有以下几种表现（如表3所示）。

表3

指顶点	指两条边	指角部区域	不知道指哪	指正确了
11人（50%）	2人（9%）	5人（23%）	2人（9%）	2人（9%）

从找角和指角活动可知，学生对角有一定的了解，但是他们的认识是模糊的，比如，角的边到底应该是直的还是弯的，很多学生并不清楚。

【寻找方向，明晰学习路径】

引导学生借助多种操作活动，从动、静两个角度全面地认识角。

基于前面的教材分析与学生调研，我认为，“认识角”的教学应从学生的原有认知出发，借助多种操作活动，引导学生从动、静两个角度全面地认识角，积累基本的操作经验，发展空间观念。

结合上面的思考，我确定了这节课的学习目标和重点、难点。

学习目标：

1. 经历从实际物体中抽象出角的过程，建立正确的角的表象，直观认识平面图形中的角，初步发展空间观念。

2. 经历找角、摸角、做角和画角等一系列具体的操作活动，感受角的丰富内涵，对角的认识从模糊到清晰。

3. 从认识生活中的角到认识数学中的角，再回到生活中，感受生活中处处有角，并能主动观察生活中角的应用。

学习重点：经历从实际物体中抽象出角的过程，建立正确的角的表象，感受角的丰富内涵，发展空间观念。

学习难点：在思辨的过程中，明晰角的组成，全面地认识角。

为了实现以上学习目标，本节课我设计了五个教学环节（如图3所示）。

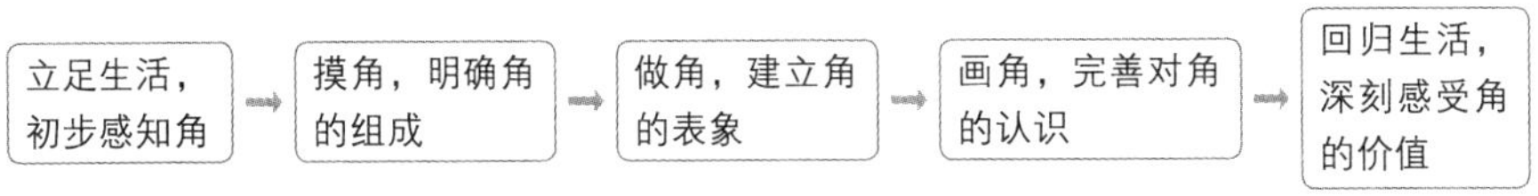

图3

环节一：出示情境，课件呈现剪刀、三角板的静态图片，指针在走动的钟表的动态图像，请学生认真观察，找一找角在哪里。从学生熟悉的物品入手，让学生认识到角是以静态和动态两种方式存在的。借助学生找角的活动，暴露学生的元认知，在讨论的过程中激发学生探究的兴趣。

设计意图：生活中存在很多的角，有的角是静止的，有的角是在物体运动过程中形成的。借助生活中常见的物品，让学生对角有一种全面的感知。在找角的过程中，学生会暴露自己的元认知，并思考角到底是什么样子的。

环节二：充分利用三角板，让学生经历摸角的过程，明确角的组成。

设计意图：在摸角的过程中，学生初步建立了角的概念。

环节三：教师准备吸管、小棒、毛线、活动角和圆形纸等学具，学生自由选择学具做一个角，然后向小组同学介绍自己做的角。在这个过程中，学生感受到角既可以是静态的，也可以是动态的，对角的认识会更加全面。做角的方法多种多样，学生在做角的过程中，也能初步体验解决问题策略的多样性，初步发展空间观念和创新意识。

设计意图：角是一个原始概念，不好理解，不易用语言描述。本环节通过呈现不同的学具，让学生在操作的过程中，将对角的理解外显。学生在交流、补充和质疑的过程中，逐步明确角的组成。

环节四：学生将自己制作的角画在纸上，教师展示典型作品，引导学生观察。首先，观察画出的角，寻找这些角的相同点与不同点，感受角的张口方向、边的长短、角的张口大小的不同，发现角都有一个顶点和两条边。然后，观察制作的角和画的角，感受从实物中抽象出角的过程。最后，观察最初从生活中找到的角，分辨哪些是角，哪些不是角，再次明确角的组成。

设计意图：学生观察画出的角，会发现很多不同。这些不同会让学生更加全面地认识角，这也为学生后续研究角奠定了基础。学生在经历了找角、摸角、做角这一系列活动后，从实物的角度充分建立了角的表象。学生观察制作的角和画的角，会加深对几何图形角的认识，发展空间观念。学生观察最初从钟表、剪刀和三角板中找到的角，更加全面、清晰地描述角。

环节五：引导学生从生活中寻找角。

设计意图：学生在寻找角的过程中，感受角在生活中的作用与价值。

【课堂实践，学习真实发生】

一、立足生活，初步感知角

教师呈现剪刀、钟表、三角板，其中，钟表的指针在运动，请学生指一指这些物品的角在哪里。有的学生指对了，有的学生指错了。这些“角”自然引发了学生的争议，还暴露了学生的原有认知。教师适时引导：“角到底是什么样子的，需要我们好好研究。”

二、摸角，明确角的组成

学生一致认为三角板上有三个角，于是教师就从学生熟悉的三角板入手，开始角的研究。

1. 摸角。

让学生在三角板上找到一个角，摸一摸。

2. 交流、汇报，在思辨中正确认识角。

学生认为角是尖尖的，有些扎手。其实，学生所指的尖都是角的顶点。教师板书“尖”“扎”，并把学生指出的“角”记录下来。

教师用课件演示，隐去三角板，留下角的顶点，引发学生思考和争论。我们来看一下学生在课堂中是如何交流互动的。

师：老师把同学们刚才说的又尖又扎手的角请出来了（用课件演示将三角板其中一个顶点加红，其他部分隐去）。

生：这不是一个角，而是角的尖儿。

生：角不仅有一个点，还有两条线，这样才能组成一个角。

生：角其实是由两条线组成的，不能就只画一个顶端，这样看不出来是角，还必须画两条线。

生：我也同意她的观点。角不仅有尖尖的部分，还有两条线，它们一起组成了角。

师：就像你们说的，角不仅有一个尖尖的点，还有两条直直的线。（边说边示范摸角）我们再次和角做朋友。

（学生再次在三角板上找一个角，摸一摸，指一指这个角，交流、汇报）

生：（边指边说）角有一个尖尖的点，还有两条直直的线。

卡点处理：学生对角的认识是模糊的、片面的。第一次摸角活动，暴露了学生的原有认知。教师用课件呈现角的顶点，引发学生思考和讨论。学生在交流的过程中，明确了角的组成——不仅有尖尖的顶点，还有两条直直的线。此时教师隐去三角板，将抽象出来的角呈现在学生面前，让学生建立正确的角的表象。

三、做角，建立角的表象

教师提供吸管、小棒、毛线、圆形纸和活动角等学具，开展做角活动。操作提示如下：每人选择一种学具，做出一个角，然后指一指这个角。学生完成后和小组同学介绍自己做的角。在这个活动中，学生借助不同学具，明确了角的组成。

1. 吸管。

学生汇报时，说明了能用吸管做角，并能够正确地指出角的顶点和两条直直的边。有学生补充："从里面看有一个角，从外面看还有一个角。"还有学生补充："同样是用吸管做角，做的角能一会儿变大，一会儿变小。"教师适时总结："随着张口的变化，角的大小也在变化。"

2. 小棒。

学生汇报时，特意强调两根小棒要挨紧，不能有缝隙，如果有一点儿缝隙就不是一个角了，因为角要有一个尖尖的点。

3. 毛线。

学生展示用毛线做的角时，很难摆出一个尖儿和两条直直的线。

生：我用一条线做了一个角，角在这儿，然后这是两条边。

生：我有一个问题。我看到你做的这个角，不像刚刚用吸管做的角那么尖，它为什么也叫角？

生：因为它软，没法做得那么尖。

生：我也有一个问题，刚才我们做的角两条边应该是直的，但是这个角的两条边不是特别直。

生：我刚才也是用线做的角，也有同样的问题，但我和同桌一起把这个问题解决了。我们是这样做的，他用笔尖摁住线的中间，然后我们俩分别拽着线的一端（边说边示范）。

师：他们为什么要分别拽着线的一端？

生：角的两条边都是直直的线。

师：你们真的了不起，齐心合力，让我们看到一个正确的角，它有尖尖的点和两条直直的线。

4. 圆形纸。

教师展示学生的错例（如图4所示）。

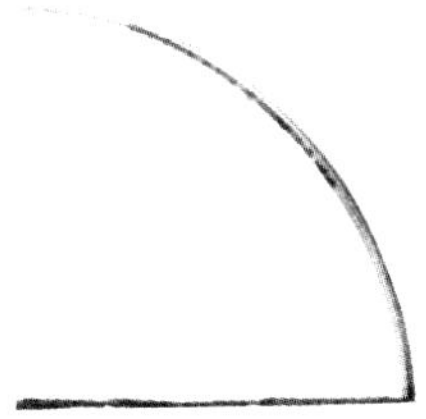

图4

有学生质疑："这个不是角，因为角的两条线是直直的，这个图形只有一条线是直的，另一条线是弯的。"之后，做这个"角"的学生将图形对折，得到一个角，边指边告诉同伴，角是从一个点出发的两条直直的线所夹的部分。

5. 活动角。

学生在操作和展示的过程中，感受到角是一条射线沿着它的端点旋转得到的图形。在转动的过程中，学生直观感受到角的大小变化，明确了角的概念。

生：（边操作边说）我是这样做角的，我把它一张开就得到了一个角（如图5所示）。

图5

生：我也是这样做的，我的张开得大一点儿，得到的角就大一点儿。

师：这两位同学拿的叫活动角，把它的这条边旋转一下就能得到一个角。

卡点处理：教师在提供操作学具时，要从动、静两个角度去思考，丰富学生对角的认识。活动角是一种非常好的素材，教师可以借助活动角，让学生体会角的动态生成过程。

通过这一操作活动，我们发现做角的方法多种多样。学生在做角的过程中，再次明确角的组成，体会到可以用多种策略来解决问题，初步发展了空间观念和创新意识。

四、画角，完善对角的认识

学生把刚才制作的角画在A4纸上，教师选取典型作品展示（如图6所示）。

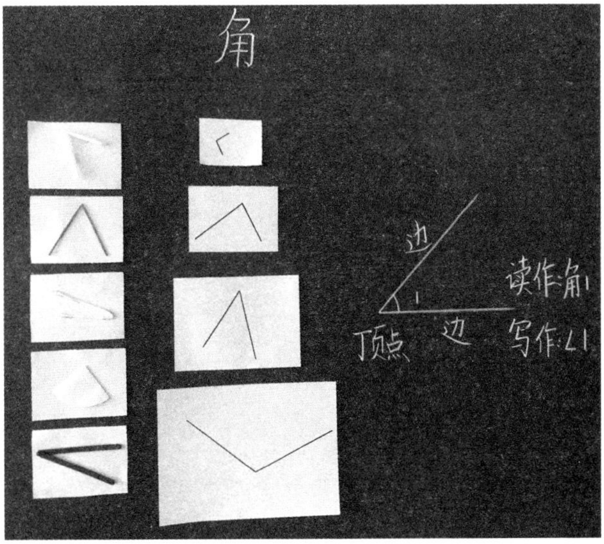

图6

1. 观察这些画的角，学生谈发现。

在观察这些画的角的过程中，学生发现了角的共同点：都有一个尖尖的点和两条直直的线；还发现了角的区别：张口方向不同，张口大小不同，边的长短不同，这些都为接下来研究角的大小做好了铺垫。

2. 观察利用学具制作的角与画的角，学生谈发现。

通过对比用吸管、小棒、毛线、圆形纸和活动角等制作的角与画的角，学生对几何图形角有了更深刻的认识，发展了空间观念。

3. 观察最初从钟表、剪刀和三角板中找到的角，学生谈发现。

让学生判断哪些是角，哪些不是角，再次明确角的组成，全面、清晰地描述角。

五、回归生活，深刻感受角的价值

最后，教师展示了滑梯、残疾人坡道、天桥楼梯的自行车道、投掷动作等图片。学生感叹生活中处处有角，角是很有用的。

【教学反思，看见学习成长】

在教学中，我借助丰富的操作活动，引导学生从动、静两个角度全面、清晰地认识角。

一、立足生活实际，发展学生的空间观念

在教学前，学生对角有一定的认知，这种认知既可能给学生认识角带来正迁移，也可能带来负迁移。本课从学生的知识原点出发，让学生经历从实际物体中找角、摸角、做角以及画角的全过程，在观察和操作中感受从实际物体中抽象出角的过程，发展空间观念。

二、引导学生在交流、思辨的过程中，建立角的正确表象

在做角环节，让学生呈现不同的作品，明确角的组成。学生根据自己的操作体验，在交流、质疑同伴的作品的过程中，建立角的正确表象。

三、引导学生观察、对比作品，理解角的丰富内涵

第一次认识角，应该给学生关于角的完整印象：角是静的，也是动的。在做角、画角环节，让学生观察、对比作品，谈发现，从中感受角的丰富内涵，为继续研究角、探索角做好了铺垫。

四、概念教学的模糊与准确

教材中并没有给出角的概念，学生对此应该掌握到什么程度，是我们一直在研究的问题。对角的概念，学生的语言描述是模糊的，但是他们能够清晰地描述角的特征，知道角有一个顶点和两条边，顶点是尖的，边是直的。

【专家视角，助推研究前行】

分析这节课，要先回顾一下角的教育意义。把角的教育意义搞清楚

了，这节课的借鉴意义也就随之清楚了。

一、角的教育意义

现实生活中“尖尖的”东西，在数学上可以用角来表示。

数学中的角或由两条直线“夹”成，或由其中一条直线绕定点旋转得来。

在平面图形的世界里，角是判断图形特征的一个基本依据，像平行线、三角形、正方形、长方形、四边形、梯形等，都可以通过角来区分。

角与三角形的关系密切，除了边角之间的对应关系，全等和相似三角形的判定都离不开角。

角与直线的关系也不一般，如两条平行线被第三条直线所截而形成的三线八角，是几何演绎推理依据的一个基本事实。三角形内角和180度，就是根据这个事实证明的。

角在力学、光学、医学等许许多多领域里都扮演着重要角色，例如我们熟知的CT，其工作原理就是基于一个X射线的照射角度问题。

特别是，有些数学领域本来和角没什么关系，例如一个多项式的根和系数之间的关系本来是个代数问题，可要是根据多项式次数的高低，把这种关系一行一行地写出来，居然排成了一个正角，史称“杨辉三角”，也神奇地和角扯上了关系。

上面提到这么多与角有关的内容，是想说明角是一个多么重要的数学概念。而且作为一个课程内容，角从小学开始孕育生长，一直延伸至几乎整个数学和科学世界，差不多是基础教育数学课程中成长性最好的数学概念。不像有些内容，如那些应用题的类型，小学一毕业就无影踪了。

小学阶段，仅关注角的认识与度量问题，还没那么复杂。由于看上去简单，所以，在相当长的时间里，小学数学中角的角色，就是为初中的平面几何学习做准备。在教学上，只要备好直尺和量角器，教师讲解加板书演示有个十几二十分钟足矣，之后学生再画一画，量一量，基本大功告成，与角有关的练习一般连做家庭作业的层次都达不到。

不仅以前是这样，在今天的许多学校里，这样的教学形态仍然存在。

这难道有什么问题吗？有！

根据数学课程的要求，小学数学的每一个内容都同时肩负着三重的教育任务：一是能在学生未来的生活中派上用场；二是有利于学生思维能力的提升；三是为学生接受进一步的教育做知识上的准备。如果只是为初中平面几何学习做准备，充其量只完成了任务的三分之一，显然存在缺失。

那其余三分之二该如何兑现呢？

二、从具体到抽象

在弄清了角的教育意义之后，我们再看“认识角”这节课，相信会产生一种豁然开朗的感觉，对如何全面实现角的教育目标，会有一个更清晰的理解和把握。

显然，“认识角”这节课，是陈俊荣老师在充分理解角的教育意义，并遵循小学生认知发展一般规律的基础上设计的。陈老师知道，小学阶段角的教学，不是开门见山地讲授那么简单。想让角在学生未来的生活中派上用场，小学阶段角的教学，就应当循着从认识生活中的角到认识数学中的角的发展路线；想让角的教学有利于学生思维能力的提升，教师就应当营造出学生主动学习的空间，让学生有较为充裕的独立思考、相互交流、共同探索的机会。陈老师围绕如何弥补传统角的教学的不足、如何全面实现角的教育价值进行教学设计和教学实践，做出了有益的尝试。以下两点值得特别关注。

一是这节课根据角或由两条直线“夹”成，或由一条直线绕定点旋转得来，确定了从动、静两个角度出发寻找角的教学策略。其中，“静”对应着直线夹出来的角，“动”对应着旋转得来的角。循着这两个方向，陈老师从发现生活中的角到发现数学中的角，一步步为学生开拓出一条从现实到形式、从具体到抽象的比较完美的思维发展路径。

仅以静态的角为例。在教室环境当中，学生从黑板、窗户等实物中看到的角，形态可能都一样——直角。其他形态的角，如锐角、钝角出现的机会不多。如果仅是这种既静态又单一的形式，就很难丰富学生把角作为一个几何概念的认知，也很难营造出“从现实到形式，从具体到抽象”的思维环境。所以，角的认识，需要超越教室，面向学生周围的世界，到更广阔的现实生活中去寻找、发现题材。为此，陈老师在这节课前特别了解了学生在正式进入角的学习之前，生活经验里已经有了哪些与角有关的成分，并且基于课前的了解，事先准备了不少与角有关的现实题材。在这节课上，陈老师除了运用教材上提供的例如红领巾这样的题材之外，还为学生展示了如滑梯、残疾人坡道、天桥楼梯的自行车道、投掷动作等生活中常见的、与角有关的丰富多彩的图片。这既拓宽了学生的思维路径，又帮助学生激活了现实生活中形形色色的角的存在状态，让他们感受到角在生活中几乎无处不在，逐步形成对角的正确、完整的认识，从而比较自然地走上从现实到形式、从具体到抽象的思维发展道路。

静态的角本来到处都有，不过它们往往与现实情境融于一体，所以需要被发现。陈老师借助学生熟悉的生活中的大量例子，就是要引导学生用自己的眼睛去认识现实世界的角与数学世界的角之间的联系，激活抽象的角在现实生活中的存在状态，在多样化的情境中发现共性。这是一个重要的小学数学教学策略，不仅对角的教学有用，对其他内容的教学也具有普遍的借鉴意义。

二是仅仅发现生活中角的共性还不够，还要用数学的语言把它刻画出来。这句话以前是由书本和教师直接告诉学生的。这节课则调动了一切可能，通过引导学生积极思考，努力为学生的探索、发现提供机会和创造条件，让学生自己对角做出了概念性的描述。

例如，在教师的引导下，学生从生活中尖尖的东西开始，认为“角是尖尖的，有些扎手”，再到“这不是一个角，而是角的尖儿”，逐步衍生出这个点实际上是被两条直线（边）支撑起来的事实。更进一步，概括出这个尖尖的东西，就是一个点和两条直直的线构成的，“尖尖的”地方就在两条直线相交的位置上。随着这些问题一个接一个地向前推进，学生始终保持积极思考的状态，抽象的角呼之欲出。

这节课可以称为一堂“角的发现”课，每个结果的得出，都伴随着一个学生自己归纳、整理、发现和刻画的过程。随着这个过程不断推进，包裹着角的情境逐渐隐去，抽象的角的概念在学生眼前逐渐清晰。学生不仅知道了什么是角，还知道了角是从哪里来的，知道了书本上的角隐藏在生活中的哪些角落，知道了角的现实意义。一旦学生知道了角的现实意义，角就可能在学生未来的生活中派上用场，而发现角这件事本身，就意味着学生思维能力的提升。这节课展示的是“认识角”的过程，充满了数学思考和解决问题的大思路，全面覆盖了角应当具有的全部教育价值。

不仅是角，小学数学的许多知识点，都会随着儿童的成长淡化隐去，而发现的规律、道理和方法等有可能长久留存，成为学生一生有用的本领。在这个意义上，小学数学教学中那些常见的“多快好省”式灌输，大剂量的训练，任意拔高的“对快准”要求，究竟有多少教育价值？真是值得我们深思。这一点，应该是“认识角”一课带给我们的最重要的启发。

还要提及的是，这节课在“动”的方面仍有深入开拓的必要。囿于教室空间的狭小和图片的局限，如何抽象出动态的角，值得进一步深入思考。剪刀是不能拿进教室的，那么，我们还可以怎么办？

>>> 点评专家：中央民族大学教授　孙晓天

动静相宜，发展学生的空间观念
——“图形与几何总复习”教学实践与思考

【发现问题，开启研究】

复习课，到底怎样上才好呢？

小学数学教学中的三种最常见的课型是新授课、练习课、复习课。对于新授课、练习课，教师们平时都比较关注，经常上，也知道该怎么上。而复习课一直是个老大难问题，尤其在上公开课时教师们往往不知道到底怎样上才好。四年级上册“图形与几何”主要有两部分内容，一部分是第二单元的“线与角”，另一部分是第五单元的“方向与位置”。从单元诊断和平时的作业情况来看，学生对相关知识和技能掌握得比较好。那么，在期末总复习时，除了重复练习，还应该做些什么？一节好的复习课，除了让学生借助结构图建立单元内知识之间的联系，还能让学生获得一些什么？复习课，我们到底该如何上呢？

【聚焦教材，从单元视角思考】

培养学生的空间观念，要从“动”“静”两个角度入手。

通过对北师大版教材四年级上册“线与角”单元进行分析，我们发现，北师大版教材在“线与角”这个单元加入了很多运动元素。例如，

“线的认识”中的活动线，“平移与平行”中升国旗的运动、推拉窗的运动（如图1所示），可以说运动元素贯穿本单元的始终。

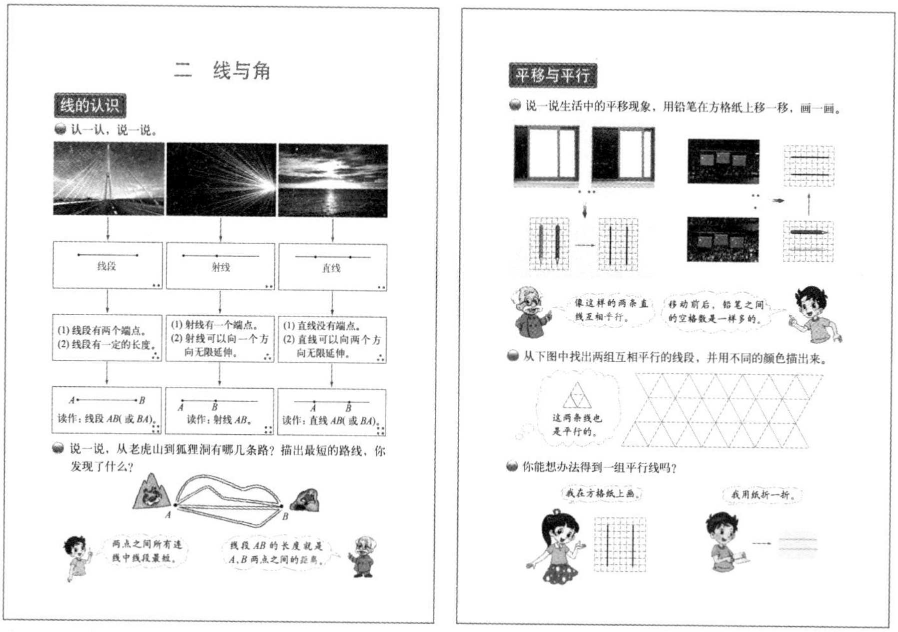

图1

纵观北师大版教材，在“图形与几何”领域，从低年级的推动正方体和推动圆柱体对比，到中年级的平移与平行、旋转与角，再到高年级的面动成体，图形运动的元素贯穿始终。这给了我们很大启发，教材在有意识地加强图形运动的学习；除了形状、大小、位置等角度，运动也是一个非常重要的认识图形的角度。

以往教材中的“图形与几何”，以静态内容为主，很少涉及动态内容，这势必造成学生对图形的认识不全面。

我国在义务教育阶段将“图形与几何”作为重要的学习内容。《义务教育数学课程标准》（2011年版）指出，“图形与几何”的主要内容有：空间和平面基本图形的认识，图形的性质、分类和度量；图形的平移、旋转、轴对称、相似和投影；平面图形基本性质的证明；运用坐标描述图形的位置和运动。随着对“图形与几何”教学的不断探索和实践，大家逐渐认识到“图形与几何”领域有两种重要的认识角度：一种是静态的，了解各种图形的特征，描述物体的方位等；另一种是动态的，观察图形的运动轨迹，想象图形的运动形态等。

“图形与几何”的重要教学目标是培养学生的空间观念。“空间观念”在课程标准中是核心词，是指根据物体特征抽象出几何图形，根据几何图形想象出所描述的实际物体；想象出物体的方位和相互之间的位置关系；描述图形的位置和变化；依据语言的描述画出图形等。其中，描述图形的位置和变化，主要是针对图形的运动而言的。不难发现，《义务教育数学课程标准》（2011年版）也要求教师从动、静两个角度来发展学生的空间观念，培养学生的素养。

【走近学生，发现生长可能】

对学生来说，全面建立内容之间的联系是弱项，从运动视角学习“图形与几何”是盲区。

“图形与几何总复习”共安排了两课时，本课主要是针对第二单元“线与角”进行复习。从学前调研——让学生做单元知识梳理图中，我发现了两个问题，具体情况如下。

一、全面建立内容间的联系，是学生的弱项

我主要从两个角度对学生的作品进行分析：一是看梳理的内容是否全面，有无遗漏；二是看能否把所学内容建立网状联系。

根据调研结果，能把所学内容建立网状联系的有19人，所占比例为57.6%；不能把所学内容建立网状联系的有14人，所占比例为42.4%。能够把知识梳理清楚，全面呈现内容的有20人，所占比例为60.6%；不能完整呈现内容的有13人，所占比例为39.4%。既能把所学内容建立网状联系，又能完整呈现内容的只有10人，所占比例仅为30.3%。

这说明学生进行单元梳理的思路有两种：一是按照教材的编排顺序，也就是按照课时罗列所学内容；二是对所学内容进行分类，按照内容间的联系进行梳理，显然这类学生对所学内容进行了加工，形成了自己的知识体系。但是上述两种梳理思路都没有沟通线与角之间的联系。其实，线与角的内容不是割裂的，角是对平面中两条直线位置关系的描述，线的旋转可以产生角，建立线与角两部分内容间的联系是十分有必要的。实际上，学生的头脑中没有真正地形成网络图，没有发现线与角的本质联系。

二、从运动视角学习“图形与几何”，是学生的盲区

我们既可以从形状、大小和位置认识图形，又可以从运动的视角认识图形。然而在33份单元知识梳理作品中，涉及图形运动内容的只有8份（部分学生作品如图2所示），所占比例仅为24.2%。

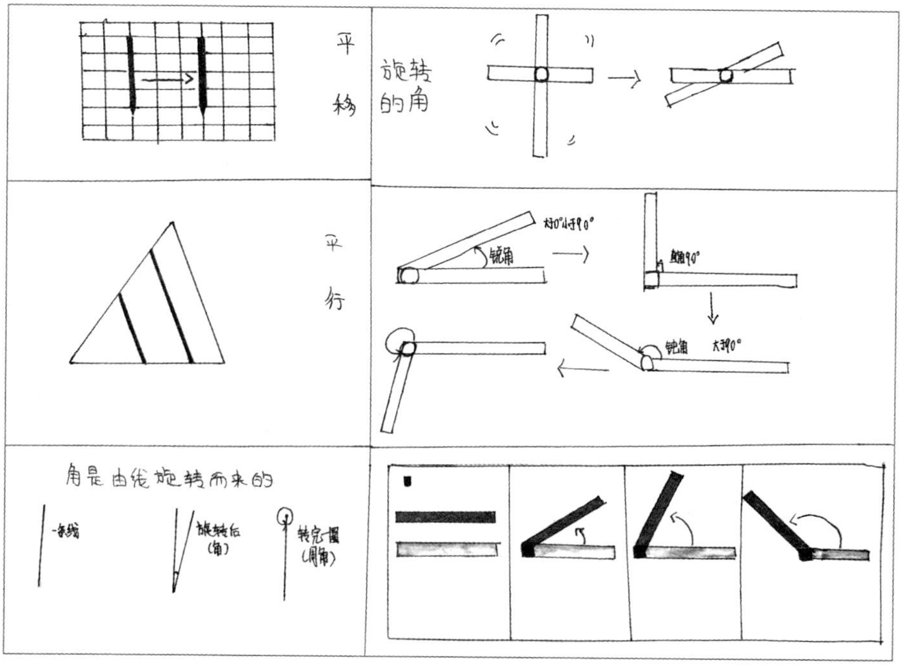

图2

在这8份学生作品中，7份作品展现的都是教材中呈现的活动角或平移图，只有1份作品展现的是将一条线通过旋转形成了角。我发现，学生习惯从静态的视角学习“图形与几何”这部分内容，对图形的运动关注较少，从动态的视角认识图形的能力较弱。教师应加强这方面的教学，避免让它成为学生学习的盲区。

因此，我认为，本节复习课不仅要帮助学生从静态层面建立各部分内容之间的联系，使学生掌握相关知识和技能，更要帮助学生从运动的视角建立各部分内容之间的联系，使学生对所学内容的认识更全面、更立体、更深刻。如果说建立知识间的联系是一种必备的素养，那么从运动视角认识图形更是发展学生空间观念必不可少的一个环节。

复习课，不仅要关注知识、技能，查漏补缺，更要重视学生思维的发展。

【寻找方向，明晰学习路径】

引导学生建立全面的联系，从动、静两个角度学习“图形与几何”。

基于教材分析和学生调研等，我产生了这样的想法：通过本节复习课，一要引导学生建立“线与角”知识间的全面联系，在“线”与“角”两部分内容之间建立有机的、科学的网络；二要让学生从静态和动态两个角度来学习图形与几何内容。

结合上面的思考，我确定了本节课的学习目标和重点、难点。

学习目标：

1. 在独立进行单元梳理的基础上，制定单元知识梳理标准，能对自己的梳理情况进行反思。

2. 能够构建出同一领域一些内容的知识网络图，体会它们之间的内在联系。

3. 养成回顾、反思和梳理的良好习惯，逐步学会总复习的方法。

4. 从动态的视角了解图形，做到动、静平衡，培养空间观念。

学习重点：制定单元知识梳理标准，并对自己的梳理情况进行反思，体会知识之间的内在联系。

学习难点：从动态的视角了解图形，做到动、静平衡，培养空间观念。

为了实现以上学习目标，本节课我设计了三个教学环节（如图3所示）。

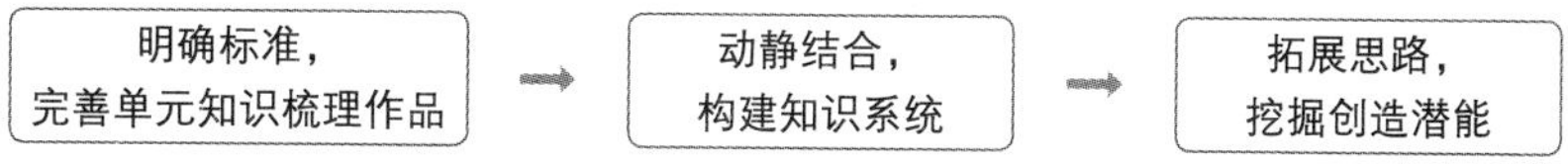

图3

环节一：让学生在对比、评析的过程中，明确单元知识梳理标准，完善自己的单元知识梳理作品。课前教师对学生的单元知识梳理作品进行分类，并从中选取典型作品作为课堂学习资源，让学生制定单元知识梳理标准，并对自己的作品进行修改、完善。

设计意图：学生的作品是最好的教学资源。学生在辨析同伴作品的过程中形成单元知识梳理标准，认识到建立知识间的联系的重要性。学生辨析、对比信息量丰富的三幅单元知识梳理作品，可以提高阅读信息、提取信息和处理信息的能力。史宁中教授曾经说过，小学生知道两件事情是重要的：第一，制定标准；第二，按照标准做事。学生制定好了标准，就要按照标准做事——对照标准自我评价、自我反思。这有利于学生养成回顾、反思和梳理的良好习惯，逐步学会总复习的方法。

环节二：通过两项活动，帮助学生从静、动两个角度建立所学内容之间的联系。第一项活动是观察同学的单元知识梳理作品，运用教师提供的两根小棒，从静态的视角构建本单元内容之间的联系。第二项活动是利用教师提供的一根小棒，构建出平行、相交、垂直及角等，促使学生从动态的视角去认识本单元的内容，并建立它们之间的联系。

设计意图：学生通过本环节的学习，初步审视所学内容，为构建内容之间的联系建立认知基础。学生把两根小棒看作直线，得到平行、相交、垂直及角等，从静态的角度构建知识间的联系；学生把一根小棒看成直线，通过运动得到平行、相交及角等，从动态的视角构建知识间的联系，丰富学生对图形的认识。

环节三：让学生继续想象“一条直线动起来，还能形成什么”，打开学生的思路，培养学生的想象力。

设计意图：复习课不仅要查漏补缺，建立知识间的联系，还要提升学生的能力。这一环节通过让学生想象一条直线运动后形成什么等问题，发展学生的空间想象力，培养学生的空间观念。这为学生打开了思维之门，使学生对图形的运动产生探究的欲望和兴趣。

【课堂实践，学习真实发生】

一、明确标准，完善单元知识梳理作品

1. 对比作品，形成标准。

教师甄选了学生的单元知识梳理作品，将三幅比较有代表性的作品呈现给学生，并提出活动要求：对比这三幅作品，请你思考以下两个问题，这些作品带给你什么启发？你有什么建议？

（1）教师出示作品（如图4所示），让学生观察、对比。

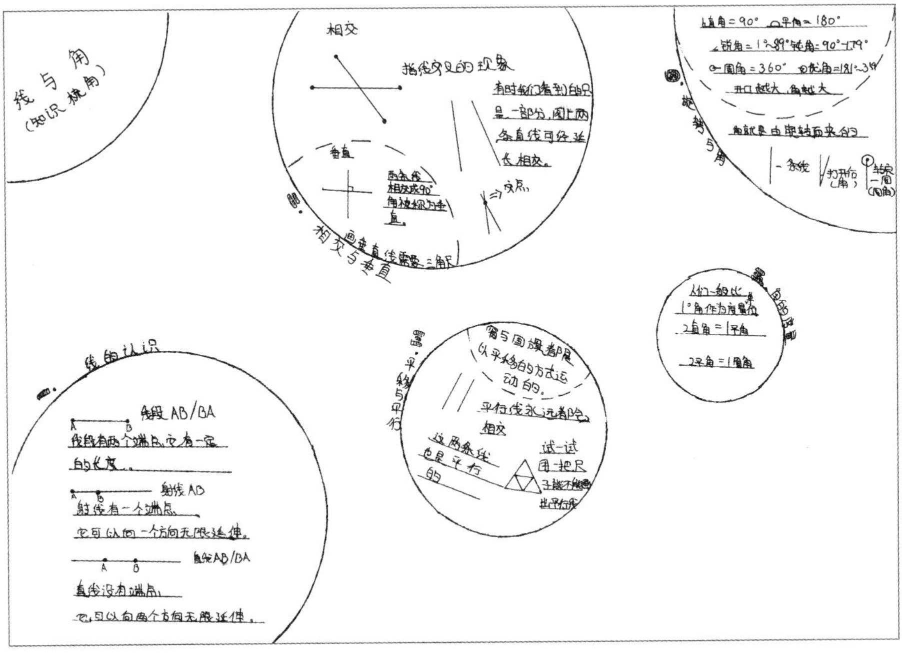

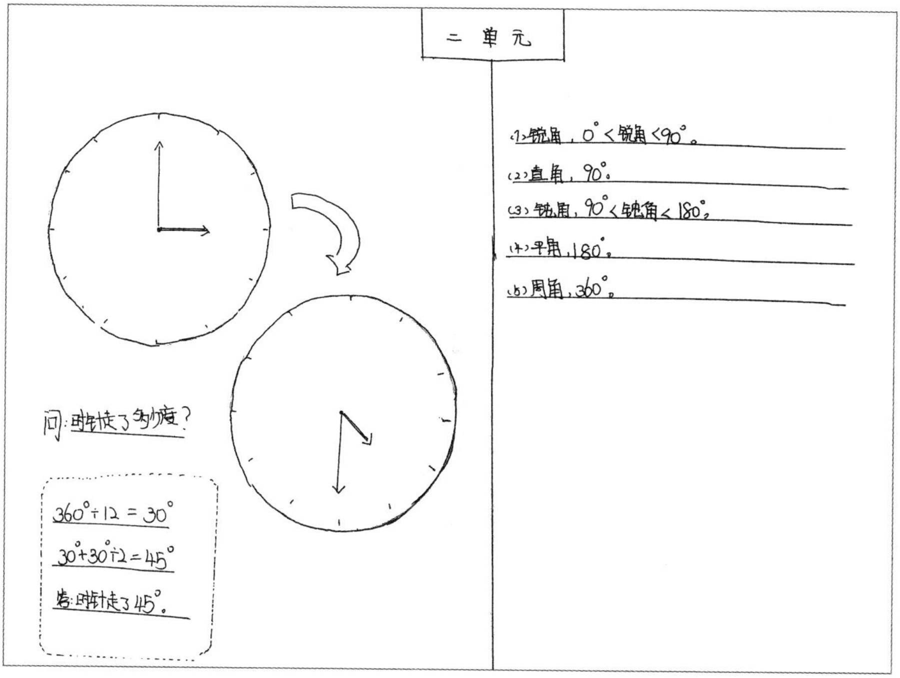
二 单元
(1)锐角，0°<锐角<90°。
(2)直角，90°。
(3)钝角，90°<钝角<180°。
(4)平角，180°。
(5)周角，360°。
360°÷12＝30°
30°+30°÷2＝45°

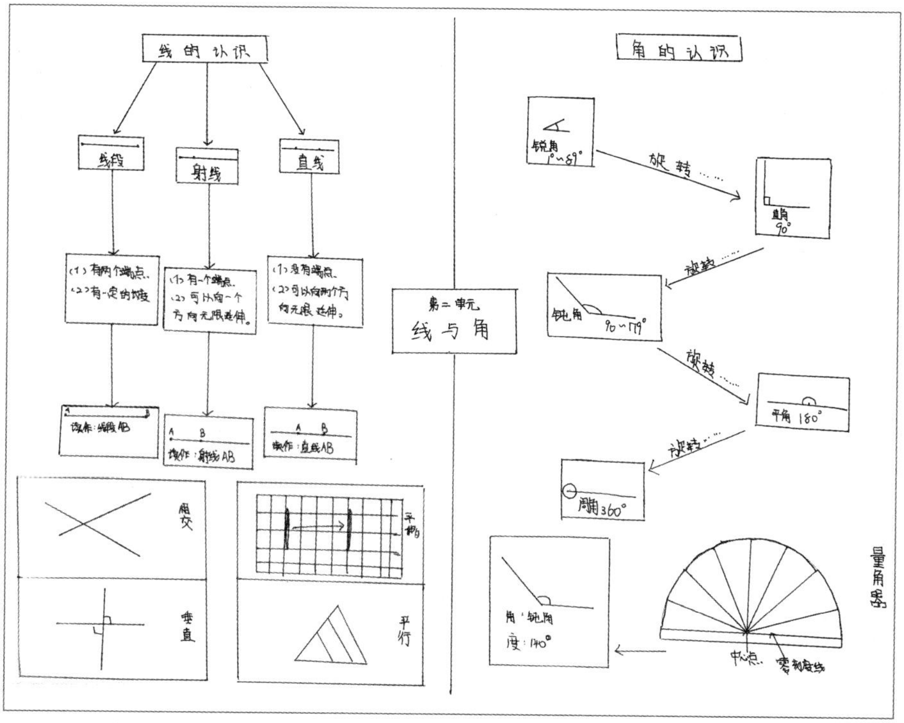
线的认识
线段
射线
直线
第二单元
线与角
角的认识
平角 180°
平行

图4

（2）全班交流，形成标准。

学生们带着问题观察上述三幅作品，并结合自己的梳理过程发现这些作品的优点。之后，全班交流，形成单元知识梳理标准。

生1：我发现第三幅作品对所学内容进行了分类，我没想到（分类）。

生2：我觉得第二幅作品梳理的内容不够全面。

生3：我觉得这三幅作品的书写很整洁。

…………

学生在交流过程中，形成了单元知识梳理标准。

教师板书：整洁、全面、分类、联系。

2. 对照标准自我反思。

学生就单元知识梳理标准达成了共识，那么接下来就是按照标准做事。请学生对照标准自我反思，或针对上述三幅作品提出修改建议。

生1：根据标准，我觉得我的作品的不足之处是不够整洁。

生2：我觉得我的梳理不够清晰，需要再全面一点儿。

生3：我觉我的作品比较整洁，也做到了全面，但是缺少联系。我应当按照标准进行修改。

二、动静结合，构建知识系统

1. 从静态的视角将线与角建立联系。

“整洁”“全面”“分类”这几点学生比较容易做到，但是建立内容之间的联系难度比较大。因此，这一教学环节，学生在教师的引导下，解决建立联系的问题。首先，教师选取了一幅内容全面的单元知识梳理作品（图4中的最后一幅作品），请学生用联系的眼光看这些内容，并将自己的发现记下来。

学生先观察并独立思考，然后汇报、交流。

生1：我发现角是从一个点引出的两条射线，角和线有联系。

生2：我同意他的观点。不过我有补充：不仅角和线有联系，平行和相交也是在说线的事儿；平行是两条直线平行，相交也是两条线相交。

生3：我总结一下他们的观点，我觉得这些内容都和线有关。

当学生发现这些内容都和线有关后，教师安排了一个有趣的操作活动：这里有两根小棒，把它们当成直线，你能用它们得到平行、相交和垂直吗？这促使学生从静态的视角将线与角建立联系。学生经过讨论、操作，最后达成共识："线与角"这部分内容都是和线有关的，最根本的是"线"。教师呈现学生的作品（如图5所示）。

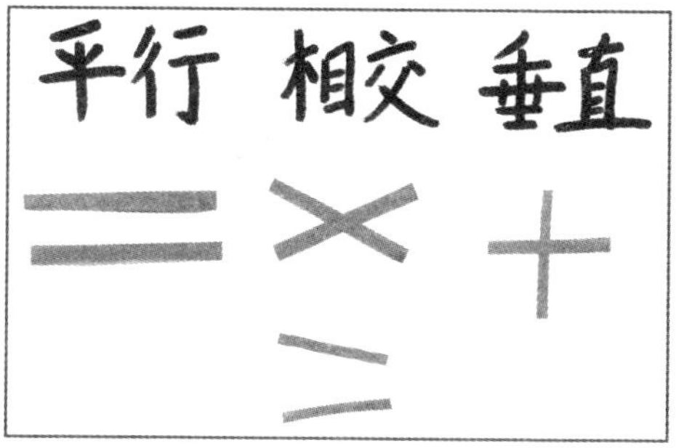

图5

师：为什么没有看到角？线和角有联系吗？

生1：这里有很多角，垂直这里有直角。

生2：他的发言给了我启发：不仅垂直时有直角，两条线相交时，这里还有钝角和锐角。

生3：他们两个说的我认同。我发现平行这里没有角，因为线没有相交。

…………

2. 强化运动视角，全面认识线与角。

移动"两根小棒"的活动帮助学生将"线"与"角"两部分内容建

立静态联系。之后教师提出问题：“如果只有一条线，你能得到这些图形吗？”进一步引导学生从动态的视角去串联“线”与“角”两部分内容。

（学生先独立思考，然后交流、演示）

生：如果在一端加上端点，那么这就是个周角。

生：我不同意他的观点，这是线不是角。

生：我也不同意他的观点。周角应当有两条射线，只不过它们重合在一起了，而这里是一条直线，所以它不是周角。

生：我觉得在线的中间加个点，就是平角了。

师：加个点，就是把一条直线分割成两条射线。如果只是一条线，就不能得到角吗?

生：(边说边演示）我可以用一条线得到角，把它转一下，旋转后的线和之前的位置就形成了角。

生：噢，他的发言给了我启发。这条边开始在那儿（用手指原来的位置，并用笔画），现在在这儿，通过旋转就形成了角。

生：我同意他们的观点。大家看，刚才把这条线旋转形成了锐角，再接着转就会形成直角、钝角，还能形成周角。

生：我有新的发现，如果把一条线平移，它和原来的影子（原位置上的直线）就会形成平行现象。

(教师用课件演示把线平移出现平行、把线旋转出现角的过程)

卡点处理：“如果只有一条线，你能得到这些图形吗”这个问题，对学生来说极具挑战性。教学中，学生一开始没有头绪，经过几次讨论，才想到运动。这是本节课的卡点，也是重要的学习生长点。教师要学会等待，给学生留足时间去思考、讨论。建议请学生静静地想一想，等学生有了新的想法，可以先让学生在小组里交流一下，再全班交流。尤其要注意的是，教师要根据学生的表现进行引导性评价，不能只做对错判断。

三、拓展思路，挖掘创造潜能

通过操作活动，学生的思路已打开。这时教师适当总结，并抛出新的问题：“一条直线动起来，还能形成什么？”

生：一条直线动起来可以产生无数个角。

生：一条直线动起来可以形成一个面。

生：线动成面。

（教师用课件演示线动成面的过程）

经历“线动成角”“线动成面”后，学生关于图形的想象力有了很大的提升。于是，教师提出问题：“刚才我们用动态的眼光看一条线，不仅得到了角，还得到了面。现在你们还有什么问题吗？”

生：面动起来会是什么？

生：体再动起来呢？

生：线是怎么来的呢？

生：不同的运动，得到的结果会不一样吗？

…………

（教师用课件演示图形的变换）

课堂小结：学生从起初对如何用一条线构建角、平行现象毫无头绪，到知道线动起来成角、成面，再到提出“面动起来会是什么”等问题，学生的思路已打开，想象力被激发。关于图形，学生关注的已不再是长、宽、大小等，开始想象图形的运动。学生对所学内容的认识更全面、更立体、更深刻。

【教学反思，看见学习成长】

回顾本节课，我觉得最大的亮点是，我为学生提供了必要的学习支持，促使学生从静、动两个角度去建立“线”与“角”两部分内容之间的联系。

一、再现知识，建立联系，构建网络

“线与角”这一单元最根本的内容是线。学生用小棒构建相交、平行及角等的过程是再现知识的过程，也是再认识所学内容的过程。新授课时初认识“线与角”，关注的是每部分内容的细节。复习课时再认识“线与角”，把知识穿成线，进行整体感知，建立联系，构建网络。

正是因为我为学生提供了小棒，才有了两项操作活动。这两项操作活动使学生深刻地认识到“线”与“角”两部分内容的联系：角既可以是两条直线相交产生的，又可以是一条直线运动产生的。此时，学生头脑中“线”与“角”两部分内容不再是割裂的，慢慢地形成了网状图。

二、强化运动视角，发展学生对图形的想象力

学生用两根小棒代表两条直线，轻松得出了平行、相交和垂直，找到了角。以往我们比较关注静态的几何，习惯从形状、大小和位置来认识图形。其实，这样认识图形是不全面的。由《义务教育数学课程标准》（2011年版）中“空间观念”的概念可知，它要求学生从动、静两个角度来认识图形。

本节复习课上我提出了一个有挑战性的问题：“如果只有一条线，你能得到这些图形吗？”看到这个问题，学生一下就蒙了。这时我没有急着干预，慢慢地学生就有了一些想法，开始和周围的同伴交流，然后全班讨论。经过激烈讨论，终于有一个学生把一条线旋转，得到了角。全班同学恍然大悟：把一条线旋转可以得到角，把一条线平移可以得到平行。此时学生意识到我们常见的几何图形是可以运动的。接着我让学生思考“一条直线动起来，还能得到什么”。一番尝试之后，学生大胆猜测——线动成面。思考并没有结束，学生的问题反而越来越多，有些学生开始思考：面动起来会是什么？体再动起来呢？线是怎么来的呢？……

值得注意的是，虽然北师大版教材中一直有“运动”的元素出现，我在教学中也很关注图形的运动，但是学生从运动的视角认识图形的能力较

弱。因此，要强化运动视角，需要我们在每一节有关图形的课中下功夫。

虽然本节课上我提供的学习支持十分简单——只是几根小棒，但它们帮助我实现了对“线与角”复习课的设想：构建内容之间的联系，绝不是简单罗列；不仅要关注知识、技能的学习，还要重视学生思维的发展。

复习课，要让学习真实、深刻地发生。

【专家视角，助推研究前行】

本节课的设计具有以下特点。

一、建立联系，构建网络，纳入结构

本节课是北师大版四年级上册第二单元“线与角”的复习课，“线与角”属于“图形与几何”领域。从这个课例可以看出陈俊荣老师对复习课的定位非常准确。复习课既不是再一次重复学习，也不是反复机械练习，而是引导学生既能重拾“旧知”，又能“复”而有“得”，在“温故”中注重知识之间的内在联系以达到“知新”，即寓新于旧，体现数学知识的逻辑性、系统性。在教学设计中，陈老师借助学生对本单元内容的思维导图来引入，在师生交流、生生评析中引导学生关注联系，清晰标准。然后又设计了两个活动，让学生分别把两根小棒、一根小棒当作直线，构建平行、相交等，以此帮助学生从直观操作到直观想象，从静态到动态沟通“线”与“角”这两部分内容的联系，感受到“线与角”这部分内容以“线”为核心。这样，学生就将零散的、割裂的知识在头脑中建构起一条知识链，心中生长出了一棵纵横连通的“知识树”，使数学知识结构化，进而纳入原有的认知结构，提升思维能力。正如南京大学教授郑毓信所说：“数学教学不应求全，而要求联。”

二、动静相宜，丰富认知，发展素养

“图形与几何”领域这部分教学需要把握好三个核心词——“直观想象”“空间观念”和“几何直观”，即学生在学习如何刻画图形的基础上，发展“直观想象”“空间观念”和“几何直观”素养。本节课上，陈老师不仅引导学生从静态角度认识和理解图形，而且巧妙地设计了从动态角度认识平行、角等，开阔了学生的视野，大大丰富了学生的原有认知。比如，陈老师设计了这样的活动：“如果只有一条线，你能得到这些图形吗？”意在引导学生从运动变换的角度，借助动手操作、大胆想象等手段将静态的图形动态化；清楚“线与角”这部分内容以“线”为核心；在运动变化的过程中揭示图形本身的特征、图形与图形之间的内在联系，发展学生的空间观念。这样的设计很好地体现了郑毓信教授所说的，教师应当通过数学教学帮助学生学会思维，逐步学会想得更清晰、更深入、更全面、更合理，并能由“理性思维”逐步走向“理性精神”。同时，这种动态的、运动的观点也为学生后续六年级学习“圆的认识”，以及初中、高中从点的运动轨迹角度进一步认识圆积累了一定的思维经验、操作经验和想象经验。这也体现了她的教学观，即心系“联系”这根弦，脚踏“贯穿”这条路，有效打通不同学段间知识的内在逻辑关联。

三、创设空间，引导发问，激活思维

杜威说“教育即生长”，如何才能生长？那就要给予学生生长的空间与力量，促进学生可持续发展。本节课上，陈老师注重为学生创设空间，引导学生从数学角度发现和提出问题。比如，陈老师设计了这样的问题：“一条直线动起来，还能形成什么？”学生的想象力是丰富的，由无数个角想到面，又想到线动成面。继而她又提出高阶问题：“刚才我们用动态的眼光看一条线，不仅得到了角，还得到了面。现在你们还有什么问题吗？”这样的设问，激活了学生的思维，学生提出“面动起来会是什么”“体再动起来呢”“线是怎么来的呢”等问题。我想，此刻陈老师一定是幸福的，因为她看到了学生思维成长的印记，这就是所谓的教育即生长吧！

总之，学生在这节复习课上不仅仅习得了基础知识和基本技能，更重要的是对同伴的赏析、对自我的反思、对数学思想方法的体悟以及学科核心素养的发展。作为一名教育工作者，我特别喜欢这段话，与大家共勉：

我们给孩子留下什么样的世界，取决于我们给世界留下什么样的孩子。今天我们给予他们的，正是明天他们给予世界的。如果我们仍然以昨天的方式教育今天的孩子，无疑就是掠夺了他们的明天。

>>> 点评专家：北京市朝阳区教育研究中心小学教研室原主任　高萍

借助二维图形与三维图形的转化，让学生提出猜想
——“圆柱与圆锥”单元教学实践与思考

【发现问题，开启研究】

本单元教学，我们是应该画上圆满的句号，还是留下疑问让学生去探索？

“圆柱与圆锥”单元是小学阶段“图形与几何”领域的最后一个学习单元。在这之前，学生学习了所有平面图形、立体图形、图形与位置、图形与运动，积累了丰富的生活、知识、思维经验。那么，本单元教学，我们是应该画上圆满的句号，还是留下疑问让学生去探索？

【聚焦教材，从单元视角思考】

借助“猜想”活动，发展学生的直观想象和推理能力，帮助学生积累思维经验。

“经验是儿童空间几何学习的起点”，“操作是儿童构建空间表象的主要形式”。“图形与几何”领域不仅要帮助学生积累基本活动经验，还要培养学生几何直观、推理能力、空间观念三个核心素养。我聚焦于“基本活动经验”“推理能力”“空间观念”这三个核心词，在学习《义务教育数学课程标准》（2011年版）及查找相关文献的基础上对它们进行解

读。“从观察入手，是数学基本活动经验获得的起始阶段。”“‘由观察启发、特例揭示，通过归纳推理获得猜想’，是数学基本活动经验积累的第二步。数学观察往往与归纳猜想交织。”“数学家创造性工作的结果是论证推理，是一个证明，但证明是由合情推理、由猜想发现的。归纳猜想维度包含两个重要方面：一是由特殊猜想到一般；二是由此及彼、触类旁通，即类比。”[①]《义务教育数学课程标准》（2011年版）指出：“推理能力的发展应贯穿于整个数学学习过程中。推理是数学的基本思维方式，也是人们学习和生活中经常使用的思维方式。推理一般包括合情推理和演绎推理……合情推理用于探索思路，发现结论；演绎推理用于证明结论。”“空间观念主要是指根据物体特性抽象出几何图形，根据几何图形想象出所描述的实际物体；想象出物体的方位和相互之间的位置关系；描述图形的运动和变化；依据语言的描述画出图形等。”我发现“猜想”在数学教学中发挥着非常重要的作用。我们可以借助猜想，促进学生的观察、比较、操作、度量、推理等活动，发展学生的直观想象和推理能力，帮助学生积累相应的活动经验。

一、建立二维图形与三维图形之间的关系，帮助学生获得猜想

我梳理了整套北师大版小学数学教材，发现“圆柱与圆锥”的学习分为两个阶段：第一阶段是一年级上册的直观认识；第二阶段集中在六年级下册的一个单元，从圆柱与圆锥的特征、测量、运动等方面进行整体学习。“圆柱与圆锥”单元的第一、第二课时学习圆柱、圆锥的特征，第三、第四、第五、第六课时学习圆柱的表面积、体积，第七课时学习圆锥的体积（如图1所示）。

① 郭玉峰，史宁中．“数学基本活动经验”研究：内涵与维度划分[J]．教育学报，2012，8（5）．

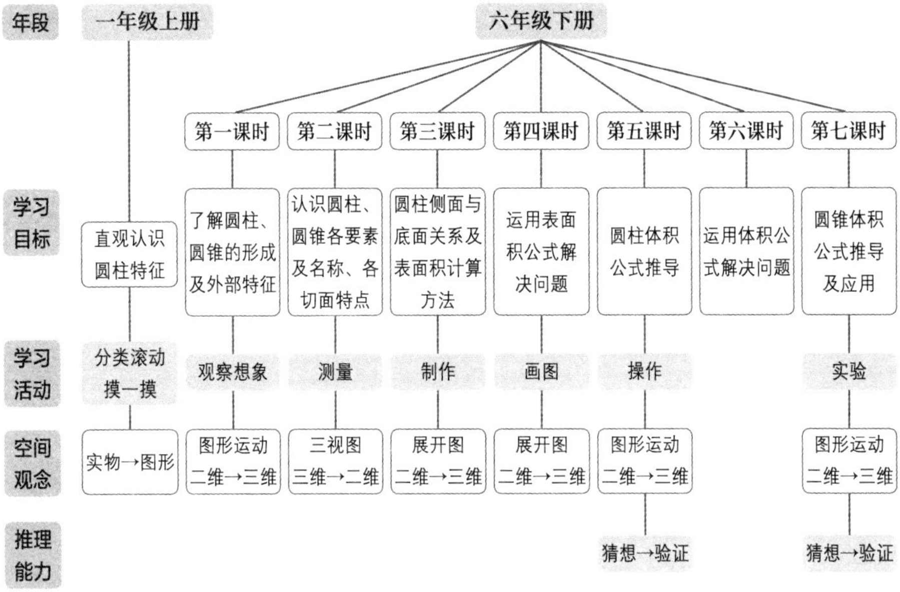

图1

北师大版教材六年级上册“圆柱与圆锥”单元的第一课时是“面的旋转”，借助操作活动从运动的视角来刻画图形，建立圆柱、圆锥和二维图形之间的关系，为后面的猜想奠定了基础（如图2所示）。

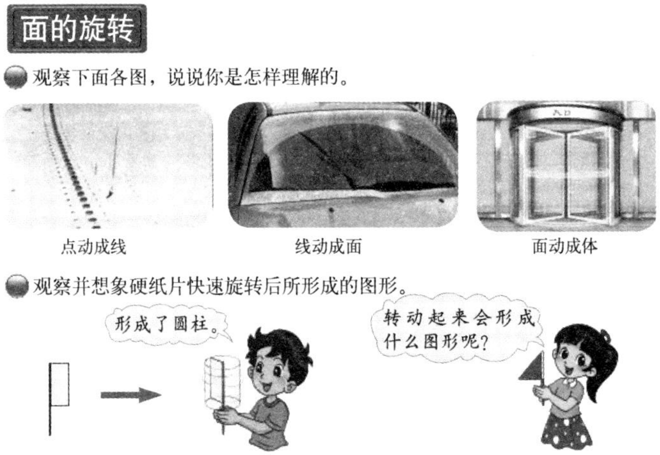

图2

在北师大版教材中，对圆柱、圆锥体积的学习，学生都要经历猜想、验证、总结、应用的过程。猜想环节如图3所示。

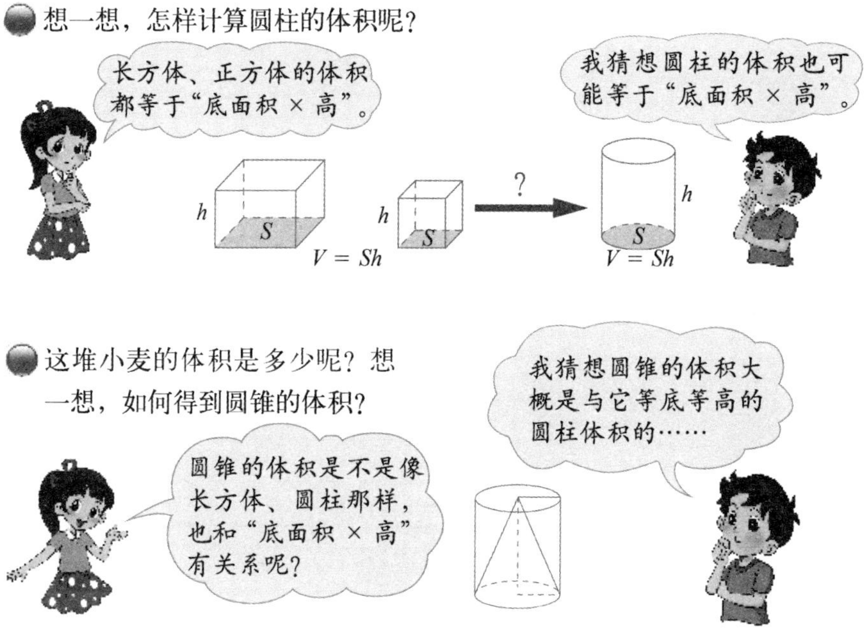

图3

猜想活动，不仅能够培养学生的空间想象能力、推理能力，而且能够帮助学生积累思维经验。

二、“圆柱与圆锥”单元的具体观念和关键问题

基于对《义务教育数学课程标准》（2011年版）以及教材的分析，在张丹老师的指导下，我提炼了本单元的具体观念和关键问题。

1.“圆柱与圆锥”单元的具体观念。

“圆柱与圆锥”单元的具体观念：可以通过观察与还原、展开与折叠、切割与累积以及旋转等实现立体图形与平面图形的转化（如图4所

示）。[1]这可以帮助学生获得对圆柱、圆锥的表面积和体积的猜想，还可以发展学生的直观想象、推理能力和创新意识。

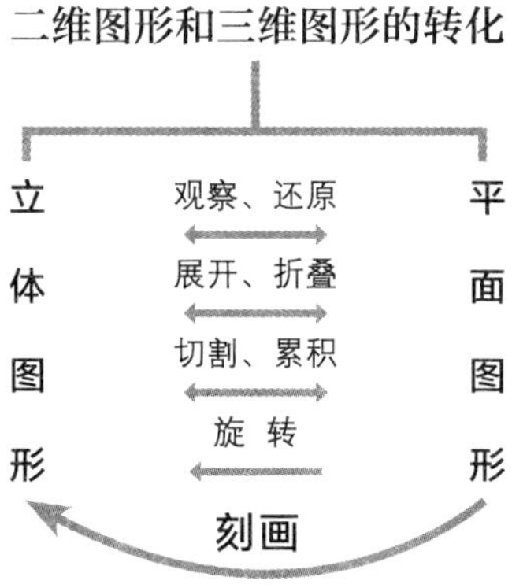

图4

2.“圆柱与圆锥”单元的关键问题。

问题一：圆柱和圆锥，通过展开、从不同方向看、切割等，你可以得到哪些平面图形？

问题二：如何通过折叠、累积、旋转和还原等得到圆柱或圆锥？

问题三：从上面的活动中，你可以得知圆柱、圆锥的哪些特征？获得关于表面积和体积等的哪些发现和猜想？如何验证它们？

为了更好地设计课堂学习活动，我将关键问题进行了细化。

问题一：将圆柱展开，会得到什么图形？我们可以如何求圆柱的侧面积和表面积？

问题二：将圆柱、圆锥分别水平切和竖直切，会得到什么图形？你有哪些新的认识？猜想一下，怎样计算圆柱的体积？圆锥的体积和与它等底等高的圆柱的体积有什么关系？如何验证？

问题三：从正面、上面、侧面观察圆柱和圆锥，会看到什么图形？猜

① 摘自张丹老师在中关村三小关于“问题引领单元学习”的主题分享。

想一下，圆锥的体积和与它等底等高的圆柱的体积有什么关系？如何验证？

问题四：如何通过旋转得到圆柱或圆锥？猜想一下，圆锥的体积和与它等底等高的圆柱的体积有什么关系？如何验证？

【走近学生，发现生长可能】

学生并没有形成研究图形的思维路径。经历了一些体验活动之后，借助二维图形与三维图形之间的转化，学生能够获得对圆柱、圆锥体积的新猜想和新认识。

经过上面的梳理，我发现，二维图形和三维图形之间的转化，可以帮助学生获得更多的猜想。在教学前，我进行了学生调研。

前测一：我们已经学习了立体图形长方体、正方体，六年级我们将学习新的立体图形圆柱。

（1）如果学习圆柱，你打算从哪些方面研究它？请填在下面的思维导图（图5）中。

（2）对每一个研究方面，如果你有新认识和新猜想，请在后面继续画圆圈，并写下来。

这次前测主要考查学生面对一个新图形，是否知道如何进行自主研究；学生通过观察和想象是否有新认识和新猜想。

	具体内容
研究的方面和新认识、新猜想	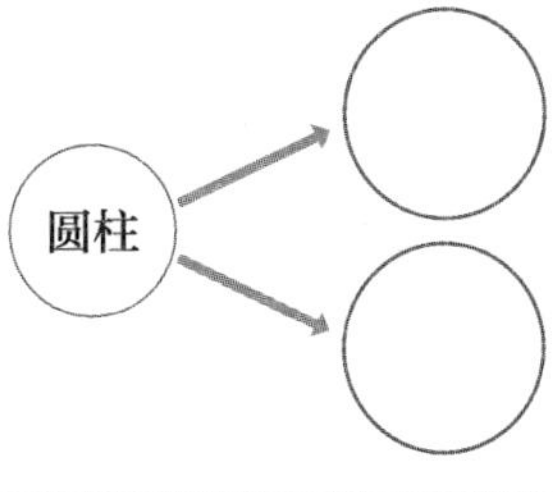

图5

通过分析学生的作品，我发现学生的研究角度没有完全相同的，很多学生围绕立体图形的知识点，把自己已经知道的和想要知道的都填在思维导图上，研究脉络不是很清晰。

虽然学习了所有平面图形、立体图形长方体和正方体，但是学生并没有形成研究图形的思维路径。面对一个新图形，很多学生不知道如何进行自主研究。对小学阶段最后一个图形单元，教师要让学生经历认识一个图形的全过程，掌握自主研究新图形的思维路径和方法。

前测二：先用摆圆片的方法得到圆柱，然后写一写你对圆柱有哪些新认识和新猜想。考查学生能否利用长方体与圆柱体的关系，对圆柱的体积进行新猜想。经过统计，我发现有63.2%的学生对圆柱的体积公式有正确的认识和猜想，有的学生能够清晰地描述自己的猜想过程。

前测三：用旋转的方法得到圆柱、圆锥；学习完圆柱的表面积、体积之后，写一写你对圆锥有哪些新认识和新猜想。考查学生能否利用圆柱与圆锥的关系，对圆锥的体积进行新猜想。前测三数据统计如表1所示。

表1

“新认识和新猜想”维度	百分比
正确写出圆锥体积公式	29.4%
只有自己的新猜想	45.2%
只提出自己的问题	7.8%
没有涉及圆锥的体积	17.6%

从前测二、前测三可以看出，二维图形和圆柱、圆锥的转化，能够帮助学生建立知识间的联系。很多学生能够进行合理有效的猜想。这样的猜想有利于培养学生的推理能力和空间观念，推动学习不断向前。

【寻找方向，明晰学习路径】

圆柱、圆锥与二维图形之间的转化，既是研究圆柱、圆锥的角度，也是研究的方法。在这个过程中，教师要关注学生的新认识、新猜想。

一、明确研究新图形的角度

从前测中可以看出，尽管学习了所有平面图形和立体图形长方体、正方体，对一个新图形，学生还是习惯从特征、表面积、体积等知识与技能的角度进行研究，未形成研究图形的思维路径。

圆锥是学生小学阶段学习的最后一个图形。我们要让学生在圆柱的学习中，掌握研究新图形的方法和角度，并将其运用到圆锥的学习中。我借助二维图形和三维图形的转化，梳理了研究立体图形的角度和方法（如图6所示）。这为学生今后自主研究新图形提供了抓手。

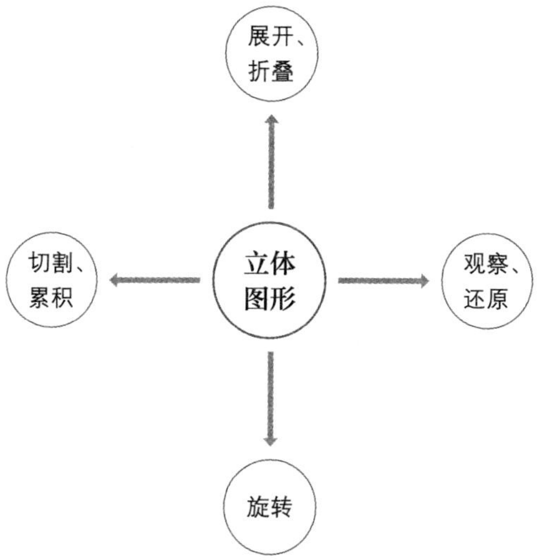

图6

二、让学生获得对圆柱、圆锥的表面积和体积的猜想，并通过验证得出结论

从前测中可以发现，学生经历了二维图形和圆柱、圆锥的转化过程之后，能够主动建立知识间的联系，很多学生对圆柱、圆锥的体积能够提出合理的猜想。在学习过程中，教师要给学生充足的时间，提供必要的学习材料，让学生动手制作，掌握二维图形、三维图形之间的关系。更重要的是，要让学生在这个过程中不断思考，对图形产生新的认识和猜想。因此，操作活动之后，教师要给出时间让学生静下心来整理新认识、新猜想，为后面的交流分享和验证做准备。

结合以上思考，我确定了本单元的学习目标和重点、难点。

学习目标：

1. 从观察与还原、展开与折叠、切割与累积以及旋转四个角度学习圆柱，体会研究立体图形的角度和方法，自主研究新图形圆锥，积累研究图形的经验。

2. 借助二维图形与圆柱、圆锥的转化，让学生认识圆柱和圆锥的特征，获得对圆柱、圆锥的表面积和体积的猜想，发展空间观念和推理能力。

3. 经历猜想、验证的过程，掌握圆柱的表面积、体积公式，并能够解决生活中的真实问题。

4. 利用各种方法得到圆柱、圆锥，提出新猜想，提升发现、提出问题的能力。

学习重点、难点：

1. 体会研究立体图形的角度和方法。

2. 借助二维图形与圆柱、圆锥的转化，让学生获得对圆柱、圆锥的表面积和体积的猜想。

为了达成学习目标，我对这个单元进行了重新架构（如图7所示）。

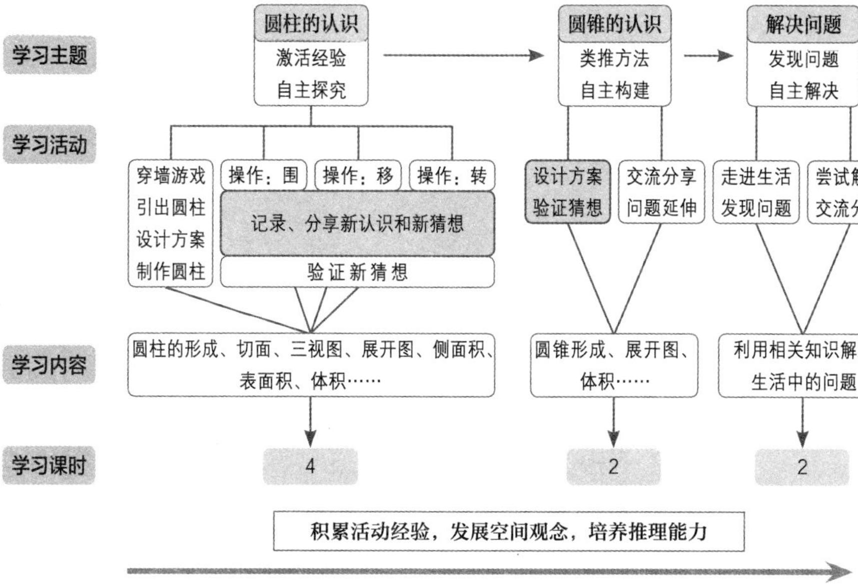

图7

这个单元分为三个学习主题。第一个学习主题是“圆柱的认识”。教师通过一个穿墙游戏引出圆柱；设计开放性问题“你打算怎么得到这个圆柱”，引发学生探究。学生调用生活、学习经验，从观察与还原、切割与累积、展开与折叠以及旋转四个角度感受二维图形与三维图形之间的转化。教师借助围、移、转等操作活动，让学生在学习单上写一写对圆柱的新认识和新猜想。学生通过交流、验证，从特征、形成、度量等角度认识圆柱。第一个学习主题分四个课时完成。

第二个学习主题是“圆锥的认识”。学完圆柱以后，学生对认识一个新图形，不管是角度还是方法，都有了一些经验。那么，对圆锥的学习，教师采用“类推方法，自主构建”的教学策略。教师完全放手，让学生自己设计学习圆锥的方案，在猜想、验证、交流中学习。第二个学习主题分两个课时完成。

第三个学习主题是“解决问题”。希望孩子们能够用数学的眼光观察周边的圆柱和圆锥，提出自己想进一步研究的实际问题，然后通过自主研究、合作交流来解决问题。第三个学习主题分两个课时完成。

【课堂实践，学习真实发生】

第一课时

环节一：以穿墙游戏引出圆柱。

1. 教师用课件演示立体图形“穿”墙后留下的洞（如图8所示），并出示活动要求。

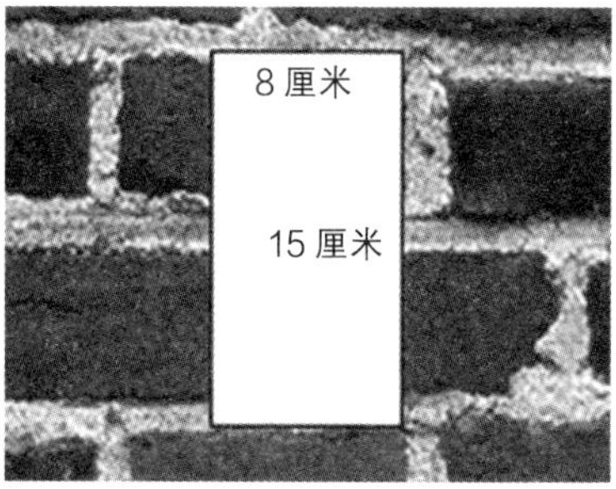

图8

活动要求：

想一想，这个立体图形可能是一个什么样的图形？（如果你难以想出来，可以看看旁边的立体图形，想想可能是哪个立体图形“穿”出来的）

在学习单上写出你的答案，跟同伴说一说你的理由。

2. 学生独立思考。

3. 集体交流。

生：我认为只要一个面是长15厘米、宽8厘米的长方体就可以。

生：长方体一定可以，三棱柱也可以（手举着学具）。

生：六棱柱也可以，中间最大的面长15厘米、宽8厘米（手举着学具）。

生：我补充，六棱柱的纵切面是长15厘米、宽8厘米的长方形就可以。

师：还有其他图形吗？

生：圆柱可以。

生：好像不可以吧，它的两个面是圆形。

生：我这里有个圆柱，沿着中间切开，纵切面也是一个长方形。如果圆柱的高为15厘米、直径为8厘米就可以。

师：从切的这个角度来说明特别好。纵切面是长方形，横切面是什么形状？

生：圆形。

生：我们以前学过观察物体，圆柱从正面看是一个长方形。如果这个长方形符合长15厘米、宽8厘米的条件，它就能够穿过去。

师：他是从观察物体的角度来说明的，除了正面，还可以从哪个角度观察？

生：上面、侧面。

生：从正面、侧面看都是长方形，从上面看是圆形。

生：我觉得圆锥也可以，只要圆锥的高是15厘米、底面直径是8厘米，它就能够穿过去。

师：注意，我们不是在讨论能不能穿过这个墙，而是讨论穿过之后能否留下这个洞。你拿这个圆锥穿，能留下这个洞吗？

生：这个洞应该是三角形的。

4. 总结概括。

学生从观察、切割的角度认识了圆柱，并利用思维导图记录自己对圆柱的认识（如图9所示）。

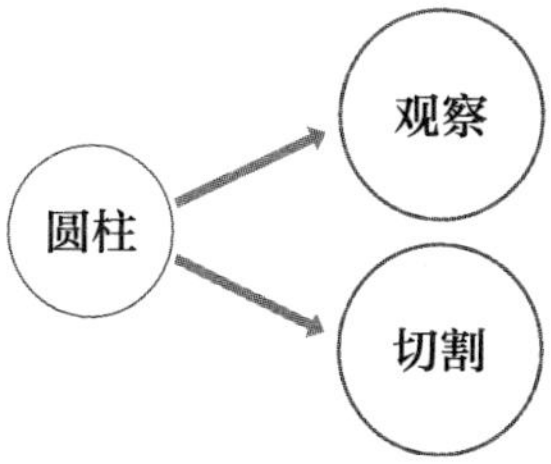

图9

环节二：自主研究，得到圆柱。

1. 呈现活动要求，让学生独立完成学习单（如图10所示）。

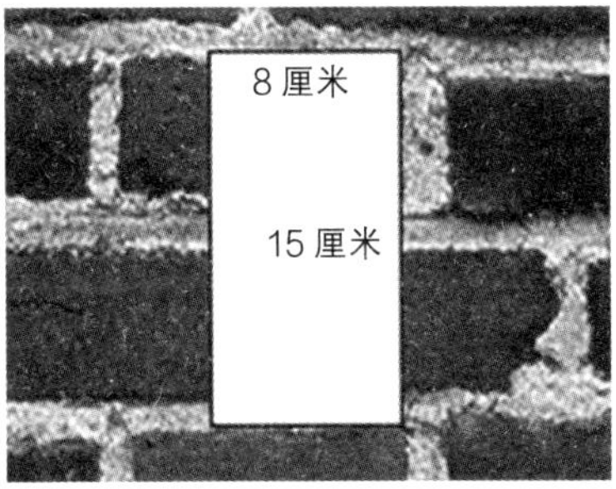

用一些 A4 纸，想办法得到一个与穿墙圆柱一样大小的圆柱。你打算怎么得到这个圆柱？制作过程是怎样的？你是怎么想到这种方法的？希望大家在制作过程中对圆柱有新的认识和新的猜想。

认真思考，试着想出两种得到圆柱的方法。

	制作过程 （可以注明你需要用的工具）	你是怎么想到的？ （以前的生活或学习经验）
方法一		
方法二		

图10

2. 小组交流。

每个学生都说说自己的想法。然后小组汇总：一共有几种方法，都是怎样想到的。学生可以记录谁的想法给了自己启发。

3. 全班交流。

生：（边说边演示）把这个圆柱剪开就可以得到一个长方形和两个圆……

师：说说你大概需要什么图形。

生：一个长方形和两个圆。

师：你是怎么想到的？请展示一下。

生：把这个胶条撕开……

师：这就是化曲为直的思路。展开后你就知道这个圆柱是由什么样的图形构成的，也就是想到了展开图。你是怎么想到展开图的？

生：我上次在超市里看见师傅做蛋卷，蛋卷是由一块长方形的蛋皮卷起来的。

生：学习长方体的时候，我们就学习了展开图，可以把展开图折叠成一个长方体。圆柱也可以用长方形围的方法得到。

师：还有什么样的方法可以得到圆柱？

生：把直径为8厘米的平面图形圆叠加成一个圆柱，它的高是15厘米。

师：你想到了二维图形。想象一下，把直径为8厘米的圆无限叠加，能够得到圆柱。你是怎么想到的？

生：我想到了圆柱的横切面是一个直径为8厘米的圆。

生：我补充，咱们吃的山楂片，一片片摞起来就是一个圆柱。

师：这个画面大家能想到吗？在数学上，你们有这样的经验吗？

生：可以把长方体看成是一个个长方形摞起来的。

生：也可以把长方体看成是长方形平移形成的。

…………

4. 交流“你是怎么想到的”的价值。

在学习单中，有这样一个问题：“你是怎么想到的？”

师：“你是怎么想到的”，你觉得有必要回答这个问题吗？

生：有，有，有。

师：有的学生可能会说，我都已经会做了，干吗还想这个呢？

生：“你是怎么想到的”，也就是说你的灵感来源是什么。这样你就有了根据，可以由这个想到其他的，或者对圆柱有更深入的认识。

师：对咱们同学来说这是最难的地方。有同学说他是灵机一动，其实，很多时候不是灵机一动。把“你是怎么想到的”的答案写出来，你觉得这样做有什么好处？

生：可以帮助我们下一次更好地解决问题。

师：你知道他说的是什么意思吗？

生：就是你可以由这次的灵感想到更多的东西，可能是关于圆柱的，也可能是关于别的物体的。

生：还有可能促进我们更深入地思考。

生：这会让我们下一次解决问题效率更高。

师：这可以帮助我们更好地解决后面的问题，所以，你要把你是怎么想到的好好提炼出来。

通过交流，学生达成了共识：非常有必要回答“你是怎么想到的”。

5. 总结提炼。

教师完善思维导图（如图11所示），对本节课上学生认识圆柱的角度进行归纳总结，并补充说明学生汇报时未涉及的旋转。

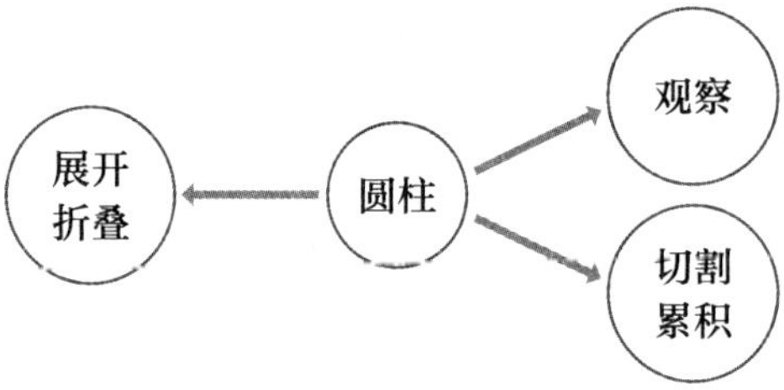

图11

卡点处理：前面已总结出可以从观察与还原、切割与累积、展开与折叠以及旋转四个角度来认识圆柱。但是，在本节课上学生汇报时未涉及旋转的方法。由于生活、学习经验不同，学生的认识也不尽相同。在后续学习中，教师可以提供一些生活中的图片等引发学生思考，完善他们对圆柱的认识。

环节三：课尾追问，明确方法。

教师课尾追问：“你对圆柱有了哪些认识？你是怎么认识圆柱的？后面我们可以怎么学习圆柱？”引导学生总结认识圆柱的方法，为后续自主学习打下基础。

第二课时

环节一：复习回顾，引入新课。

师：上节课中，有学生说那个洞是圆柱穿墙留下的。大家通过研究一致认为可以用纸围成一个穿墙的圆柱。眼见为实，今天我们就来实践一下。

环节二：观察想象，初步设计。

活动要求：

1. 观察纸板墙上留下的洞，想象一下是怎样的圆柱穿过留下的。如果用图形围出这个圆柱，需要哪些图形？

2. 请你在方格纸中画出制作这个圆柱需要的图形，并标出数据（写明数据是怎么来的）。

3. 如果一次没成功，记录好需要调整的地方，保留好材料，可以再尝试。

4. 思考：你对圆柱有什么新认识和新发现？

教师给学生提供方格纸。学生观察、思考，并动手设计，将想象的圆柱进行二维表征。

学生可能出现以下情况。

1. 画出两个相同的圆、一个长方形。圆的直径为8厘米。长方形的长为15厘米、宽为8厘米（如图12所示）。

2. 画出两个相同的圆、一个长方形。圆的直径为8厘米。长方形的长为25.12厘米、宽为15厘米（如图13所示）。

3. 画出两个相同的圆、一个长方形。圆的直径为15厘米。长方形的长为15厘米、宽为8厘米（如图14所示）。

4. 画出两个相同的圆、一个长方形。圆的直径为15厘米。长方形的长为47.1厘米、宽为8厘米（如图15所示）。

图12

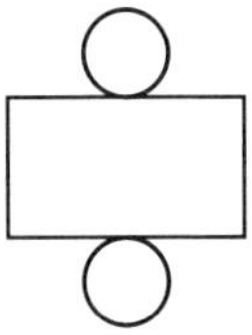

图13

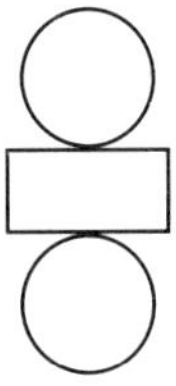

图14

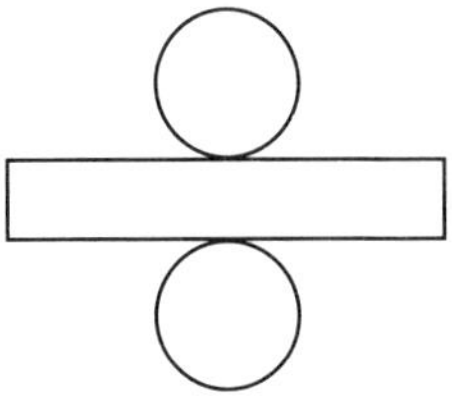

图15

每个学生制作完圆柱后，借助“墙洞”进行穿墙验证，并加以调整和完善。

环节三：交流碰撞，分享发现。

学生都成功地制作出了“穿墙圆柱”。教师请学生思考在这个制作过程中有什么新发现和新猜想，说说是如何发现的。

1. 圆柱的侧面展开图是个长方形，这个长方形的长和宽分别是圆柱的底面周长和高。

师：同学们都认为制作圆柱需要两个圆形和一个长方形，说一说，你们是怎么想的?

生：两个圆形和圆柱的底面是一样的，直径是8厘米。最开始我认为长方形的长是15厘米、宽是8厘米。验证时我发现，长合适，就是圆柱有点儿瘦，底面有点儿小。我进行了调整，长方形的另一条边不应该是圆的直径，而应该是圆的周长。

师：这个同学把自己失败、调试的经历和大家进行了分享，非常有价值。

生：(边用圆柱演示边讲解）我先观察，然后想象如果把侧面直着剪一刀，打开后是什么样子。宽就是圆柱的高，长就是圆柱底面的周长。

师：这两个同学的结论是一样的，思路有什么不同吗?

生：一个是直接围，一个是先想展开图，再围。最终的结论都是长方形的长等于圆的周长，宽等于圆柱的高。

师：你们制作的圆柱都是这样的吗?

生：我制作的是一个扁扁的圆柱。底面直径是15厘米，高是8厘米，横着放进去。需要两个直径为15厘米的圆和一个长为15×3.14厘米、宽为8厘米的长方形。

师：大家能想象一下这两个圆柱长什么样吗？请你们把做好的圆柱拿上来给大家欣赏一下（如图16所示）。

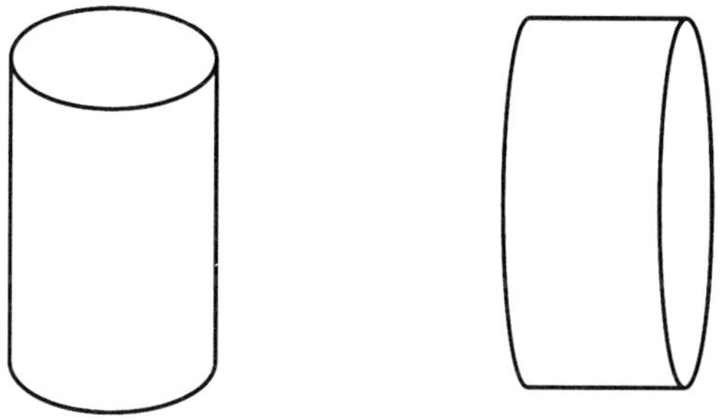

图16

学生在教师的带领下认识圆柱的各部分名称：侧面、底面、高。

2. 圆柱的侧面积、表面积的计算方法。

师：我们在制作的过程中对圆柱的表面积有了一定的了解。怎么求圆柱的表面积？

生：我们学过求正方体的表面积。把正方体展开，它一共有六个面，展开图的面积就是它的表面积。

师：我发现你们能够把之前学习的知识迁移到这个上面，非常好。

生：求圆柱的表面积，非常简单。可以把圆柱的展开图画出来。首先求两个圆的面积，再加上长方形的面积。长方形的长是圆的周长、宽是圆柱的高，长方形的面积就是周长乘以高。

生：圆柱是由两个圆和一个长方形组成的。两个圆的面积是πr^2乘2；长方形的长是圆的周长，就是πd，πd再乘以高h就是长方形的面积。

师：这个同学想用字母来表示，谁能完整地说一说？

生：两个底面的面积是$2\pi r^2$，侧面积是πdh，表面积就是$2\pi r^2+\pi dh$。

师：每人都拿着自己制作的圆柱指一指，看一看各部分都在哪里。

3.有两种“穿墙圆柱”，让学生讨论哪种情况比较省纸。

生：我猜想，高圆柱的表面积比矮圆柱的表面积要小。高圆柱的底面直径是8厘米，矮圆柱的底面直径是15厘米，高圆柱的底面积要比矮圆柱的底面积小得多。

生：不能光比底面积，还要比侧面积。它们两个的侧面积还没比呢！

生：两个圆柱的侧面积是一样的。高圆柱的侧面积是$8\pi\times15$，矮圆柱的侧面积是$15\pi\times8$，结果是一样的，所以它们的侧面积一样大。

生：你说的我听懂了，看着不一样，实际上它们的侧面积是一样的。

生：我还想说一说它们的侧面积为什么是一样的。我发现这两个圆柱的纵切面是一样的，都是长15厘米、宽8厘米的长方形。侧面积公式是πdh，高圆柱的d和h分别是8厘米、15厘米，矮圆柱的d和h分别是15厘米、8厘米，根据乘法交换律，结果就是一样的。

（教室里响起了掌声）

师：掌声代表你们很赞同和欣赏他的观点。数学是需要刨根问底的，不仅要知道是什么，还要知道为什么。

生：现在我知道了，它们的侧面积是一样的，哪个的底面积越大，表面积就会越大。

师：每个同学都算一算，它们的表面积分别是多少？

卡点处理：这是一个学生自主探究、自我调整、自己发现的过程。每个班级学生的状况不同，课堂上的发现可能也会不同，因此，我们要结合班级状况给学生提供合适的脚手架。

1. 学生独立思考之后，可以先安排小组交流，再全班交流。

2. 教师适当追问，如“侧面明明是一个曲面，怎么会是一个长方形”“你能计算一下制作这个圆柱需要多少纸板吗”“比较这两个圆柱的表面积，你有什么发现”“为什么它们的高矮不同、胖瘦不同，侧面积却是一样的”等。

3. 提供制作好的两个不同的圆柱，让学生摸一摸、看一看，帮助学生认识圆柱。

第三课时

环节一：回顾与引入。

在回顾上一节课的基础上，教师呈现摞山楂片的图片（如图17所示），引出得到圆柱的另一种方法“累积”。

图17

环节二：操作与猜想。

1. 学生独立操作并填写学习单（如图18所示）。

活动要求：

（1）先想一想制作步骤，再用“摞”的方法得到圆柱。

（2）在操作过程中，你有什么新的猜想或问题都可以写在学习单上。

（3）有条理地、清晰地阐述自己的观点。

	具体内容
制作的步骤	
困惑和问题	
新认识	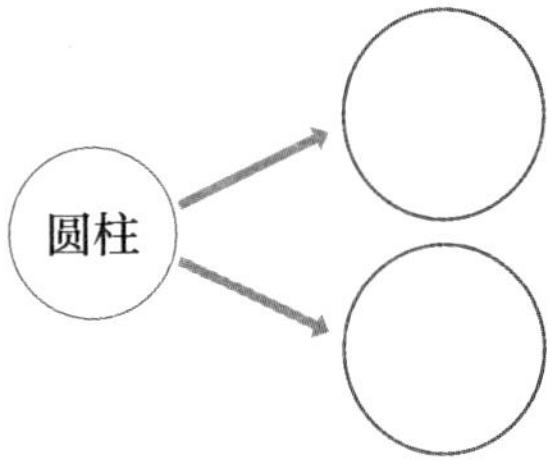

新猜想	你是怎么想到的?

图18

2. 汇报、分享。

学生踊跃提出问题，比如“需要用多少个圆才能摞成高为15厘米的圆柱”等。全班学生动手实践，摞出了圆柱。学生发现摞的圆越来越多，就会形成圆柱。教师利用课件演示用圆摞成圆柱的过程。

随后，有学生提出了新的猜想：圆柱的体积=底面积×高。大家就此展开了讨论。

生：长方体的体积=底面积×高。长方体的底是一个四边形，当边越来越多，变成n边形时，它就接近圆柱了。

生：圆柱是由圆累积而成的，先算圆的面积πr^2，再乘高h。我想圆柱的体积就是πr^2乘以h。

师：虽然他们的表达有些不同，但他们的想法有共同点。

生：他们都是借助长方体的体积公式来推导圆柱的体积公式。长方体和圆柱有个相同点，就是都可以由底面平移得到。

师：这几位同学通过观察发现了长方体和圆柱的共同特点，并猜想出圆柱的体积公式。你们还有其他想法吗?

生：我想到上学期学习圆的面积公式时，是把圆切成好多份，拼成一个近似长方形，然后推导出圆的面积公式。圆柱是由一些圆摆成的，是不是像圆那样切开也能拼成一个近似长方体呢？

师：他想到了转化的思路，把圆柱转化成长方体。

环节三：验证与再猜想。

1. 验证猜想。

学生想办法验证自己的猜想是否正确。想一想，画一画，再借助学具模型（圆柱体积推导学具）拼一拼。

2. 汇报、分享。

（1）学生阐述圆柱与长方体之间的关系，推导圆柱的体积公式。

（2）教师用电脑演示圆柱的体积公式推导过程（如图19所示）。

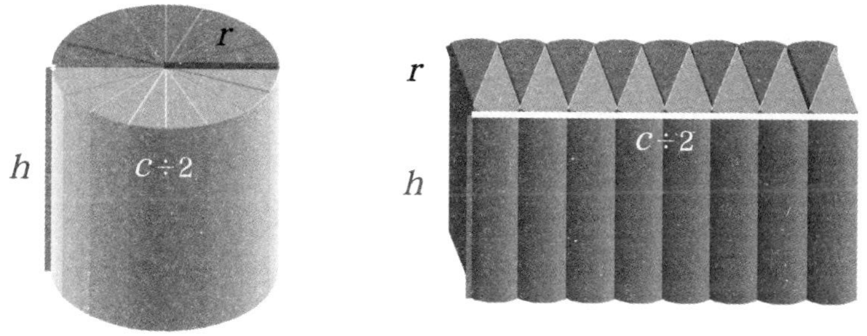

图19

3. 讨论新猜想。

学生根据长方体与圆柱体的共同点，猜想圆柱的体积公式是底面积乘以高，进一步猜想三棱柱的体积也是底面积乘以高，所有直柱体的体积都是底面积乘以高，并且通过操作来验证新猜想。

卡点处理：长方体和圆柱都是可以由底面平移得到的立体图形。根据这一特点，可以由长方体的体积公式推导圆柱的体积公式。这只是从个例到个例的一次类比推理，教师希望学生能够掌握一般规律。如果学生对其他立体图形没有较全面的认识，多数学生很难类推到相关图形。在本单元学习之前，教师就让学生搜集身边的立体图形实物或模型，把它们带到课堂中作为学习素材。这样就给学生构建了一个学习立体图形的物理环境，有利于学生建立图形之间的联系，产生合理的猜想。

第四课时

环节一：引出旋转的方法。

1. 回想一下，你们用什么样的方法得到了圆柱，获得了哪些新发现和新猜想？

2. 除了展开、切割，还可以用什么方法得到圆柱？

卡点处理：教师期待学生能够自己提出通过旋转长方形可以得到圆柱，但是由于生活经验有限等，学生很难想到这一点。教师可以播放旋转门旋转的视频。之后让学生交流圆柱的形成过程，并分享还有哪些图形也可以通过旋转得到，这样就把生活经验转化成数学经验了。

3. 展示通过旋转得到的图形（如图20所示）。

图20

环节二：采用旋转的方法得到圆柱。

1. 让学生通过旋转得到一个与穿墙圆柱一样大小的圆柱。

活动要求：

（1）想：圆柱是由什么图形，怎么旋转得到的？

（2）画：在方格纸上画出这个图形。

（3）做：把图形剪下来粘在小木棒上。

（4）转：旋转图形，验证猜想是否正确。

（5）写：你对圆柱有什么新认识和新猜想？

2. 分享交流。

生：我剪的是一个长为15厘米、宽为4厘米的长方形。高就是轴，沿着它旋转360度就形成了圆柱。

师：来，你转一下。这明明是个平面图形，怎么形成这个立体图形圆柱了？

生：长方形的长是圆柱的高，长方形的宽就应该是底面的半径，沿着高旋转，半径旋转一圈就是一个圆。

生：长方形的宽通过旋转形成底面，长方形的长通过旋转形成侧面。

生：（边说边演示）长方形的长为15厘米，宽为8厘米，把中间的这条线当轴，旋转180度也可以得到圆柱。

生：刚才你们旋转的是高圆柱，我得到的是矮圆柱。（边说边演示）长方形的长为15厘米，宽为8厘米，这样旋转180度就可以了。

师：大家闭上眼睛感受一下，你能想象得到吗？在这个过程中，你有什么新发现和新猜想？

生：圆柱是由长方形旋转得到的，只是长方形的大小不同，旋转的角度也不同。

师：具体说一说，是什么样的长方形？

生：（边说边演示）就是取圆柱的纵切面（长方形），把中间的线当轴，旋转180度。如果取纵切面的一半，就要旋转360度。

…………

环节三：想象平面图形旋转之后的样子。

1. 想象并验证其他平面图形的旋转。

活动要求：

（1）选：挑选其他平面图形，想象它旋转之后的样子。

（2）说：分享各自的想象，认真倾听并汇总。

（3）做：小组分工制作。

（4）转：验证想象是否正确。

2. 分享交流。

（1）学生选择的平面图形有三角形、梯形、圆、半圆、平行四边形。学生举着自己的作品排队，按次序分享。

（2）先让大家共同想象，再旋转演示（如图21所示）。

（3）虽然是同一个图形，但由于选择的旋转轴不同，得到的图形也就不相同。

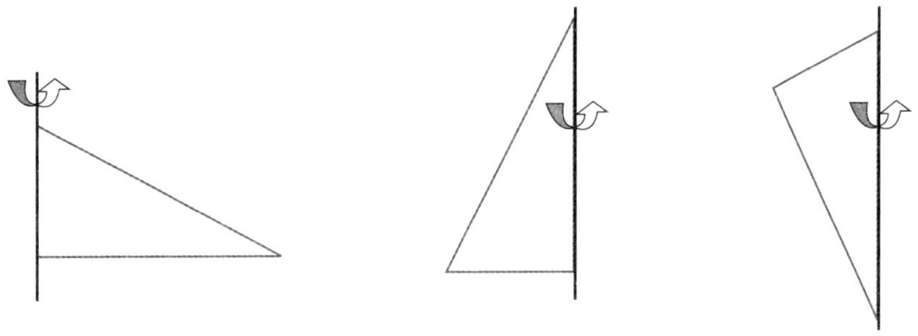

图21

（4）学生产生的新问题和新猜想。

① 三角形旋转得到圆锥，圆锥的体积怎么求？

② 梯形旋转得到圆台，它的体积应该是大圆锥的体积减去小圆锥的体积。

③ 图21中，前两次旋转得到的圆锥体积一样吗？

④ 直角三角形沿着斜边旋转得到什么图形？

卡点处理：本环节学生选择的图形比较多，同一个图形又可以沿着不同的边旋转，学生产生的新问题、新猜想也比较多。要保证分享有序、有效，要秉承以下原则。

原则一：先让学生猜想平面图形旋转之后的样子，再验证。

原则二：按照平面图形的类别进行分享。

原则三：验证猜想之后，再分享新问题、新猜想。

环节四：想象立体图形由什么平面图形旋转而成。

1. 想象一下，这些立体图形（如图22所示）可以由什么平面图形旋转而成？

图22

2. 你有什么新发现和新问题？

第五课时

环节一：唤醒经验，激活认知。

1. 学生回想是从哪些角度来认识圆柱的，有什么新认识，并画出思维导图。

2. 全班就画出的思维导图进行讨论，交流研究圆柱的角度和方法。

3. 想一想，如果让你研究一个新的立体图形，你打算从哪些方面研究，怎么研究？

环节二：填写学习单，构建学习脉络。

1. 圆锥是小学阶段学习的最后一个立体图形，如果让你研究的话，你打算从哪些方面研究？把你的认识和猜想等填写在学习单上（如图23所示）。

活动要求：

（1）请你在内圈填写认识圆锥的方法，在外圈填写你的新认识和新猜想。

（2）独立思考，不打扰别人。

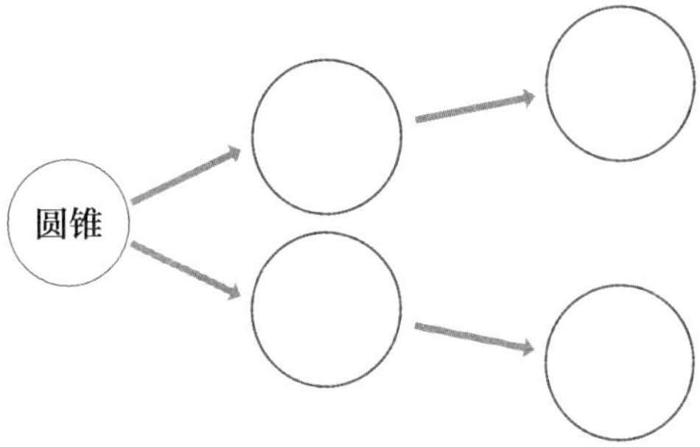

图23

对一些核心内容，学生没有想法的话，教师可以进行相应的提示和指导。

面对学习有困难的学生，教师可以提示他们借助身边的圆锥模型，看一看，摸一摸，并想象一下。

环节三：交流讨论，形成共识。

1. 小组交流。

（1）学生在小组内交流对圆锥的认识和猜想等，一致认同的请打“√”，有分歧的请打“×”。

（2）小组汇总并完善对圆锥的认识和猜想等。

2. 全班分享交流。

生：从正面观察圆锥，是一个三角形；从侧面观察，也是一个三角形；从上面观察，是个圆形。

生：圆锥的底面是圆，俯视图可能不是一个圆。

师：出现了不同意见。

生：这么看的话，其实这里面还有个点。

师：你观察得很仔细。这个点是圆锥的顶点，这个圆是圆锥的底面。从切割的角度研究，你们有什么发现吗？

生：横着切下去是一个圆。（边说边演示）比如说，从这儿切，这个圆特别小；如果你从这儿切的话，还是一个圆，只不过这个圆比较大，所以，横着切下来应该就是大小不一的圆。竖着切，纵切面永远是一个三角形，而且是一个等腰三角形。

生：我觉得圆锥的体积肯定不是底面积乘高，因为横切面是大小不一样的圆。

师：同学们不仅观察仔细，而且有了新的猜想。还可以从其他角度来认识吗？

生：我们组就出现了一些意见分歧。有人认为圆锥展开以后是一个半圆形加一个圆形。我认为是一个扇形加一个圆形。还有人认为是一个三角形加一个圆形。

生：我认为是一个长方形和一个圆。

生：我回家试了一下，发现是一个扇形，也可能是一个半圆形，肯定不是三角形和长方形。

师：关于圆锥的展开图，大家是否达成了一致意见？还可以从旋转的角度来研究。

生：上次做圆柱的时候我们就发现，长方形旋转得到圆柱，三角形旋转得到圆锥。

生：我有一个问题。三角形是与它等底等高的长方形面积的一半，这两个图形旋转得到的立体图形的体积会不会有什么联系？（展示图24）

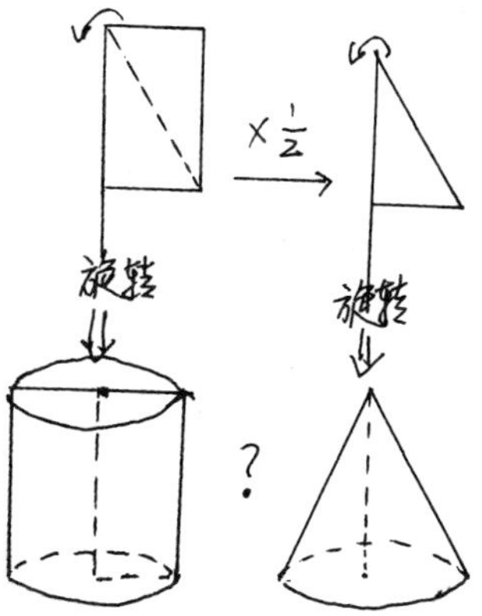

图24

师：他找到了圆柱和圆锥的关系，想借助圆柱的体积公式猜想圆锥的体积公式。说一说你们的猜想。

生：我们组认为，既然它们的面积是两倍关系，那么体积也是两倍关系。圆柱的体积是与它等底等高的圆锥的体积的两倍。

生：我们组有不同意见。如果从圆柱上截掉一个等底等高的圆锥，我感觉剩下的部分比圆锥的体积大，因此，它们的体积不可能是两倍关系。

生：我认为应该是三倍关系。

师：同学们都借助等底等高的圆柱来猜想圆锥的体积公式，这样的想法非常好。目前我们还没有达成一致意见。下一节课我们将继续研究这个问题。

第六课时

环节一：回顾猜想及其依据。

请学生回顾上一节课对圆锥体积的猜想及其依据，鼓励学生用图展示自己的思考过程。

环节二：验证、推导圆锥的体积公式。

教师引导学生思考，验证猜想需要的工具、验证方法以及验证的注意事项等。学生根据学习单领取学具，并通过实验来验证猜想。

活动要求：

1. 学生按照学习单迅速领取学具。
2. 小组分工合作，调整实验方法，记录实验过程。
3. 分享与交流：验证结果，提出新问题、新发现。
4. 通过实验等方法得出圆锥体积的计算方法。

$$V=\frac{1}{3}Sh$$

环节三：发现、提出新问题。

师：对我们的猜想和验证过程，你们有什么疑问吗？

生：我觉得我的猜想理由挺充分的，怎么圆锥的体积就不是$\frac{1}{2}\times$底面积×高呢？

生：到底错在哪里？

师：这个问题实际上是有难度的。（出示图25）我们不妨换个角度，下面两个长一样、宽是两倍关系的长方形，旋转得到两个圆柱。大家猜想一下，这两个圆柱的体积会有什么样的关系？

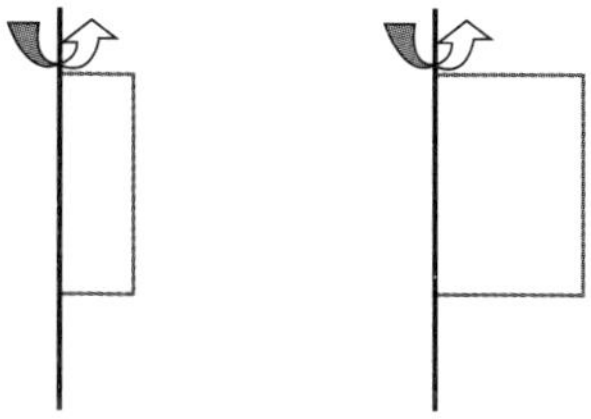

图25

生：我认为它们的体积也是两倍关系。

生：我们还是先算一算再下结论吧。

师：这个同学的建议很好。学习数学不能光凭感觉，一定要静下心来算一算。大家都算一算，看看到底是什么关系。

生：我是通过公式推导的。两个圆柱的高一样，半径是两倍关系，底面积就是四倍关系，体积也是四倍关系。

生：确实不是两倍关系，看来长方形面积之间的关系，不能直接转化成体积之间的关系。

生：我觉得这好像和离轴的远近有关系。可以把大长方形截成两个一样大小的小长方形。离轴近的小长方形与原来的小长方形旋转得到的圆柱体积一样，离轴远的小长方形旋转得到的圆柱体积是原来的小长方形旋转得到的圆柱体积的3倍。

师：确实如这位同学所说，旋转得到的立体图形的体积不仅和图形有关，而且和离轴的远近有关。（出示图26）大家如果感兴趣可以研究这个问题：长方形分别离轴1厘米、2厘米，旋转得到的立体图形中哪个体积最大？

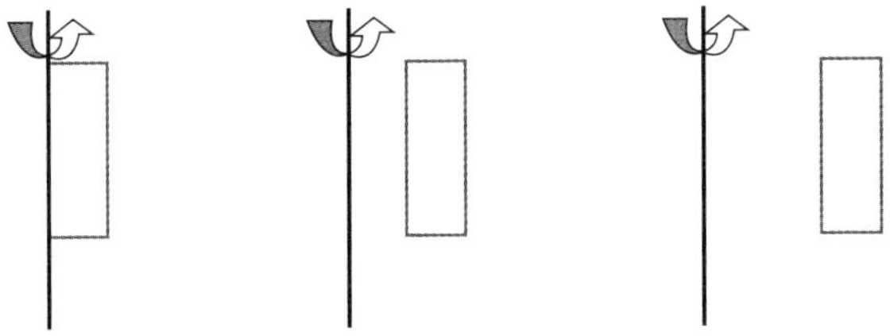

图26

师：有时候，通过验证，我们发现自己的猜想是不正确的。你们觉得猜想有意义吗？

生：有意义。在验证猜想的过程中，我们可以寻找错误的原因。

生：我也认为有意义，它可以帮助我们解决新的问题。

师：在今后的学习中，我们要大胆猜想、小心求证。

卡点处理：通过验证，发现猜想不正确，学生的第一直觉往往是“猜想错在哪里”。这个问题对小学生来说有点儿难，教师除了提供上面的图形让学生进行比较之外，还可以提供以下图形（图27）让学生比较、分析，帮助学生理解究竟错在哪里。

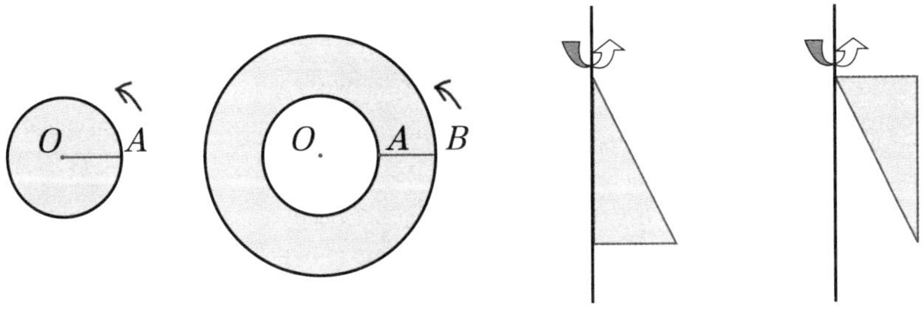

图27

在分析的过程中，学生能够得出“图形离轴的远近会对体积产生影响”“二维图形面积的关系不能直接转化成三维图形体积的关系”这样的结论就可以了。

第七课时

环节一：回顾、梳理学生提出的问题。

学生用数学的眼光观察生活中的圆柱、圆锥，并提出问题，比如，“金字塔算什么形状”“羽毛球算不算圆锥”“为什么水井是圆柱形的”等。这些大多是关于物体形状的问题。教师收集、整理学生提出的问题。学生在交流过程中，进一步加深了对圆锥特征的认识。

环节二：解决与圆柱、圆锥有关的简单的实际问题（如图28所示）。

压路机前轮
直径 1.6 米，长 2 米

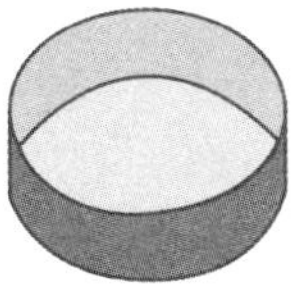

水池
底面周长 25.12 米，池深 1.2 米

帐篷
直径 6 米，高 3.6 米

图28

1. 找出你发现的数学信息，和同桌交流这些信息是什么意思，运用这些信息能解决什么问题，把要点记录下来。

2. 学生提出以下问题：压路机的前轮滚一圈，能压多大面积？这个水池能盛多少水？给这个水池的内壁做清洁，每平方米收费5元，共需多少元？这个帐篷的容积有多大？这个帐篷的占地面积有多大？

3. 学生独立解决这些问题（只列式，不用算出结果）。

环节三：全班交流，提炼策略。

全班交流解决问题的方法、过程，有什么发现等，提炼解决问题的策略。

第八课时

环节一：选择包装盒。

教师布置真实的、有挑战性的、开放的学习任务：如果每个冰激凌盒的容量是150毫升，有以下三种包装盒，你选哪种包装盒？（如图29所示）

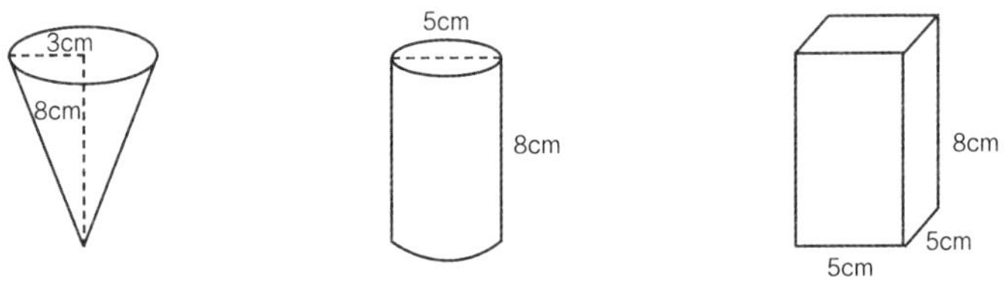

图29

学生独立思考后，全班交流。学生主要采用两种方法来解决问题。

方法一：先逐一计算三个图形的容积，再比较。

方法二：估计。这三个图形的高一样，圆锥的容积最小。圆柱与长方体相比较，哪个的底面积越大，容积就越大。所以，长方体的容积>圆柱的容积>圆锥的容积。

计算圆柱的容积：$3.14\times2.5\times2.5\times8=157$（毫升）。

教师追问："如果你是冰激凌店的老板，你会选择哪种包装盒？为什么？"

环节二：设计包装盒。

教师提出问题："什么样的圆锥形包装盒才能装下150mL冰激凌？"

学生独立思考后，围绕"你是怎么想到的""在解决这个问题的过程中，你还有什么新发现吗"这两个问题展开讨论。

生：我是通过计算来解决问题的。因为圆锥的体积相当于与它等底等高的圆柱体积的三分之一，要想算出圆锥的半径和高，需要先算出来圆柱的半径和高。圆锥的容积是150毫升，与它等底等高的圆柱的容积就是450毫升。根据圆柱的体积公式就可以解决问题了。

生：我也是这样想的。我计算出来了，圆锥的半径为4厘米、高为9厘米就可以。

生：我还有另外一种想法。通过刚才的计算，我发现圆锥的容积是75.36毫升，而需要装的冰激凌是150毫升，比它的两倍少一点儿。那么，把圆锥的底面积或者高扩大到原来的两倍就可以了。比如，圆锥的半径为3厘米、高为16厘米就可以了。

生：受你的启发，我可以在第二个圆柱上进行改进。圆柱的容积是157毫升，要想把它改装成容积一样、底面积一样的圆锥，把圆锥的高调整到圆柱的高的3倍，即24厘米就可以了。

师：大家总结一下，这几名同学的想法有什么相同点和不同点？

生：相同点就是都借助原有的图形，根据两个图形之间的联系来解决问题；不同点就是借助的图形不同，可以是圆柱，也可以是圆锥。

师：非常好，大家能够运用我们之前学过的知识来解决实际问题，做到了学以致用。

环节三：总结概括。

课尾，教师组织学生谈谈感受以及想进一步研究的问题，鼓励学生继续去探索生活中的数学问题。

【教学反思，看见学习成长】

一、学习单伴随始终，让猜想落地生根

在这个单元的学习中，学习单一直伴随始终。我希望学生通过填写学习单，展现自己的思维路径和思维结果，提升思维能力和学习能力，让猜想落地生根，使学习真实、深度发生。

二、猜想与验证相伴而行，让猜想照进现实

每次学生提出猜想，我会让他们自己去验证。经过验证，有的猜想正确，有的猜想不正确。学生提出猜想的过程，并非一帆风顺。

1. 将生活经验引向数学经验，让猜想更立体。

在第一课时，我让学生独立完成学习单，想出两种得到圆柱的方法，描述制作的过程以及“是怎么想到的”。绝大部分学生都想到了折叠的方法。近一半学生的思考是基于生活经验；部分学生说不清楚是怎么想到

的；还有部分学生用到了数学经验。我希望能把学生的生活经验更多地引向数学经验，以便解决后续更多的问题。

为此，在教学中，我帮助学生理解填写“是怎么想到的”的价值；引导学生结合具体事例填写“是怎么想到的”。比如，由旋转门想到圆柱，并提炼一些思维方法。通过这样一个过程，引导学生把生活经验逐渐引向数学经验，使他们的猜想更为立体。

2. 激活数学经验，让猜想成串出现。

有了丰富的数学经验，学生的猜想就可能成串出现。学生用累积和切割等方法制作圆柱，通过猜想、验证获得了圆柱的体积公式。之后，他们进一步猜想三棱柱、四棱柱、六棱柱的体积也是底面积乘以高，以及所有直柱体的体积都是底面积乘以高。

3. 错误的猜想也是有意义的。

学生的猜想并不都是正确的。自主研究圆锥的体积时，有的学生提出了一个大胆的猜想：圆柱是由长方形旋转得到的，其体积公式是底面积乘以高；圆锥是由三角形旋转得到的，三角形的面积是与它等底等高的长方形面积的一半，因此，圆锥的体积也是与它等底等高的圆柱体积的一半。经过验证，学生发现这个猜想不成立。但学生认为，这样的猜想是有意义的。它可以促使学生寻求错误的原因，激发学生进一步探究的欲望。

4. 梳理猜想，将数学经验结构化。

最后，我和学生一起对所有猜想进行了梳理，并让他们用图来表达每一个猜想的过程。其实，这展示了学生是如何思考问题的。他们需要建立同类事物之间的关联，通过类比推理，获得新猜想和新发现，进而通过验证得出结论。正如史宁中教授所说，积累把握共性、分别差异的思维经验。

我们要帮助每个学生激活数学经验，积累思维经验。

【专家视角，助推研究前行】

一、紧紧抓住单元具体观念开展单元设计

随着核心素养的提出，教学实践的视角越来越聚焦于如何发展学生适

应未来生活的必备品格与关键能力。在实际教学中，核心素养与具体内容的学习存在着比较严重的脱节现象，如何落实核心素养成为教学实践的重要问题。大观念具有超越课堂的持久和迁移价值，大观念下的单元整体教学成为发展学生核心素养的重要途径。而本单元在这方面做了很好的尝试。我们将大观念在单元的具体体现称为具体观念。在单元具体观念的指导下设计关键问题，并在此基础上将关键要点转化为系列学习任务，使得学生“用少量主题的深度覆盖去替换学科领域中对所有主题的表面覆盖，这些少量主题使得学科中的关键概念得以理解”①，从而实现深度学习。同时，在此过程中，陈俊荣老师提供了强有力的学习支持，比如学习单的设计。

二、鼓励学生开展大胆的猜想

发展学生的数学推理能力无疑是数学教学的重要目标之一。《全日制义务教育数学课程标准》（实验稿）和《义务教育数学课程标准》（2011年版）都将“推理能力”作为核心概念。中国学生发展核心素养在“科学精神”的要点中涉及了“理性思维”和“勇 于探究”，具体叙述中提到了“尊重事实和证据，有实证意识和严谨的求知态度”“能大胆尝试，积极寻求有效的问题解决方法”等，无疑推理能力的发展对促进学生的科学精神是非常重要的。《义务教育数学课程标准》（2011年版）指出：“推理一般包括合情推理和演绎推理，合情推理是从已有的事实出发，凭借经验和直觉，通过归纳和类比等推断某些结果；演绎推理是从已有的事实（包括定义、公理、定理等）和确定的规则（包括运算的定义、法则、顺序等）出发，按照逻辑推理的法则证明和计算。在解决问题的过程中，合情推理用于探索思路，发现结论；演绎推理用于证明结论。”上面的阐述强调了“获得数学猜想——验证猜想”的全过程，强调了具有猜想和验证的能力是推理能力的两个重要方面。正如波利亚所说：“假如你希望用几个字来说

① 布兰思福特.人是如何学习的：大脑、心理、经验及学校[M].程可拉，孙亚玲，王旭卿，译.上海：华东师范大学出版社，2013：18.

明什么是科学的方法，那么我提议它是：猜测和检验。”

每一次学生经历三维图形与二维图形的转化之后，陈老师都提供给学生梳理新认识、新猜想的时间，鼓励学生去想象。随着数学经验的积累，学生不仅提出了猜想，而且提出了有价值的猜想，并且尝试去验证。记得中关村三小的一个学生在表达学习本单元感受的时候，将这一过程称为“彩虹的猜想”，彩虹意味着丰富、多彩和美丽。

三、帮助学生自主学习

从学生前测中可以看出，虽然学生学习了平面图形和立体图形长方体、正方体，但是没有形成一个研究图形的思维路径。面对一个新的图形，学生缺少自主研究的方法。面对小学阶段的最后一个图形单元，陈老师想让学生经历认识一个图形的全过程，掌握自主研究新图形的思维路径和方法。这一点是难能可贵的。我们希望学生不仅仅获得知识和技能，更为重要的是获得进一步学习的热情和能力，也就是我们常说的“授之以鱼，不如授之以渔”。有两点特别值得我们借鉴。第一，在圆柱的学习中，注重交流“你是怎么想到的”。第二，采用类推方法，鼓励学生自主构建学习圆锥的方案并开展学习。

建议进一步丰富和完善学习任务，设计合作学习任务和反思评价的学习任务，促进学习进一步深入。

>>> 点评专家：北京教育科学研究院教授　张丹

第三辑
统计与概率

播下数据的种子，生长求实的枝丫
——“最喜欢的水果”教学实践与思考

【发现问题，开启研究】

在非正式统计内容的学习中，如何播下数据的种子，留下统计学习的烙印？

“最喜欢的水果”是北师大版教材二年级下册第八单元“调查与记录”中的教学内容，这一单元隶属于“统计与概率”领域，着重培养学生的数据分析观念。《义务教育数学课程标准》（2011年版）指出，第一学段安排初步数据统计活动，不安排学习常规的统计知识，主要是为正式的统计学习积累基本活动经验。那么，这种课怎么上？

曹培英教授在《跨越断层，走出误区：“数学课程标准”核心词的解读与实践研究》一书中指出，数据分析观念有三层内涵：知识技能层面、思想观念层面、价值观层面。知识技能层面主要是指数据收集、数据整理与描述、数据分析及判断；思想观念层面包含整体观、随机观、相对观。

价值观层面主要是指实事求是的科学精神，具体说来，包括调查研究的意识，对数据的来源、处理、结果进行合理质疑的意识，以及尊重事实的态度，用数据说话的习惯。（如图1所示）

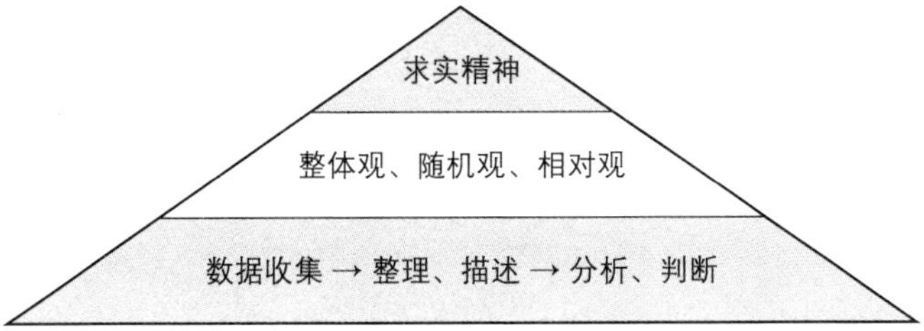

图1

从以上内容可以看出，求实精神是数据分析观念的灵魂。“统计与概率”自身的特点，决定了它在培养学生的求实精神方面，具有得天独厚的有利条件。由此，我不禁思考，如何抓住这一难得的教学素材，在非正式统计内容的学习中，播下数据的种子，留下统计学习的烙印，发展学生的数据分析观念，培养学生实事求是的科学精神？

【聚焦教材，从单元视角思考】

数据是整个统计活动的载体，更是核心要素。

为了明确如何在这一课时落实求实精神，我立足统计内容的整体编排进行思考。北师大版教材中有很多与统计有关的教学内容，具体分布如下：二年级下册“调查与记录”，三年级下册“数据的整理和表示”，四年级下册“数据的表示和分析”，五年级下册“数据的表示和分析”，六年级上册“数据处理”。

这些教学内容，都是让学生经历统计活动的全过程，但是不同年级的侧重点不同。其中，第一学段不是学习常规的统计知识，而是积累基本活动经验。从单元标题就可以看出，二年级着重让学生了解数据调查的方法与记录的过程。

我们聚焦于“调查与记录”这一单元，从单元视角进行整体思考，通过对比明确“最喜欢的水果”一课的具体内容设计，寻求落实求实精神的载体。

“调查与记录”这一单元分两个课时（如图2所示）。第一课时“评选吉祥物”分为三个环节：第一环节，讨论如何开展调查，介绍了举手和投票两种调查方法；第二环节，读懂两种符号记录的方法；第三环节，根据数据中最多的量做出决策。第二课时“最喜欢的水果”呈现了班级开联欢会，要怎样购买水果这一统计问题，学生在解决这一问题的过程中经历统计活动的全过程。其中，关于怎么购买水果的讨论能够让学生体会到数据调查的必要性；数据的收集、整理过程，突出学生对数据分析的体验；提出购买建议，可以让学生关注收集的所有数据，并做出决策。通过对比这两节课，我们可以发现，第一课时重在让学生体验调查方法，初步读懂数据；第二课时重在让学生经历统计活动的全过程，在调查、收集、整理数据以及根据数据提出建议的过程中，感受数据的价值，发展数据意识，培养求实精神。

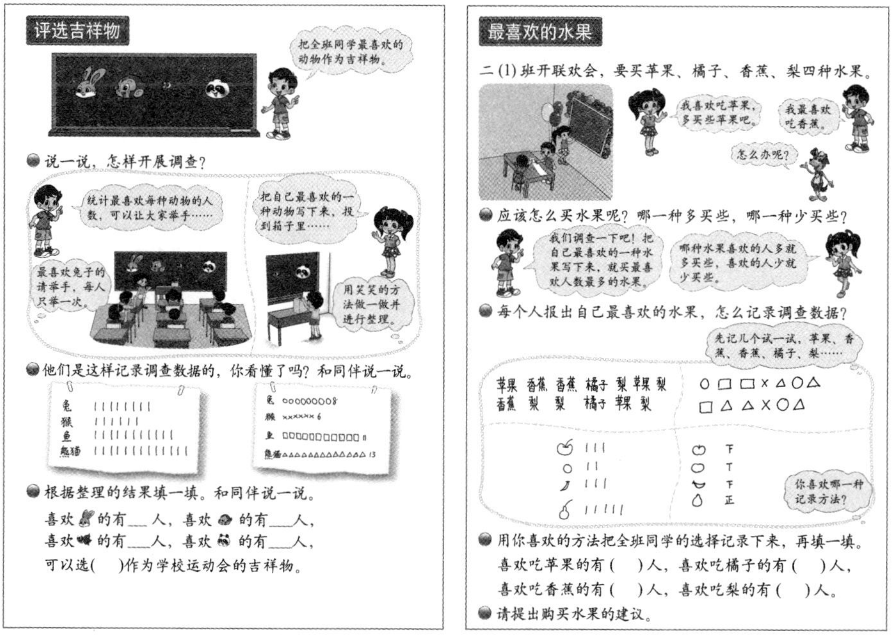

图2

关于数据的收集、整理，不同版本的教材呈现的内容不同（如图3所示）。北师大版、人教版和苏教版教材均重视数据的整理和记录。只有北师大版教材呈现了无序记录和有序记录两种记录方式，较为全面地呈现了学生可能出现的记录方式，并突出了有序记录清晰明了的特点。另外，人教版和北师大版教材除了呈现符号记录的方法之外，还呈现了正字记录方法，充分联系生活实际，凸显了正字记录方法便于计数这一特点。

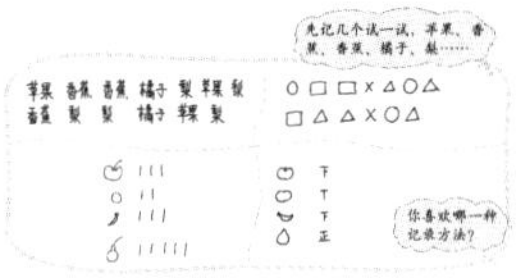

北师大版

人教版

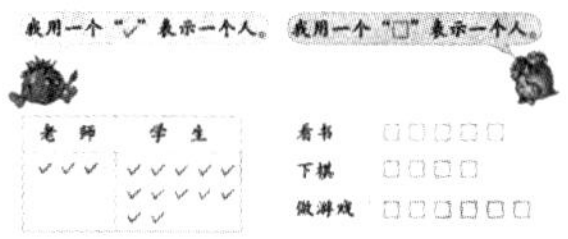

苏教版

图3

通过分析教材，我们可以发现，数据是整个统计活动的载体，更是核心要素。学生经历了统计活动的全过程，自然会在心中埋下数据的种子。

【走近学生，发现生长可能】

亲近数据，从“我喜欢”到“用数据说话”。

从教材的编排可以看出，数据意识十分重要。那么，学生在解决生活中的实际问题时，通常情况下，是根据什么做出决策的呢？我们带着这样的问题走近学生，以了解他们的数据意识。

第一，创设学生熟悉的选择实践活动地点这一情境，以此分析二年级学生在做决策前是否具有调查研究的意识。

调研题目：班级要举行秋季实践活动，要从下面四个地点中选择一个（只能选择一个）。四个地点是：中华民族园、海淀公共安全馆、中国科学技术馆、北京自然博物馆。你选择去哪里？说说理由。

调研结果如表1所示。

表1

<table>
<tr><th></th><th>具有数据意识</th><th colspan="2">尚未体现数据意识</th></tr>
<tr><td>人数</td><td>15 人</td><td colspan="2">25 人</td></tr>
<tr><td>百分比</td><td>37.5%</td><td colspan="2">62.5%</td></tr>
<tr><td>典型想法</td><td>我觉得可以投票</td><td>我去过北京自然博物馆，很好玩</td><td>我觉得大家都喜欢去中国科学技术馆</td></tr>
<tr><td colspan="2" rowspan="3">再对 15 名具有数据意识的学生进行访谈。
师：你提到了投票，你来具体说说怎么做。
生：就是老师问，然后大家举手就行了，赞同去哪个地方的人多就去哪儿。</td><td>按照自己的喜好选择</td><td>按照自己的猜测选择</td></tr>
<tr><td>19 人</td><td>6 人</td></tr>
<tr><td>47.5%</td><td>15%</td></tr>
</table>

从调研结果可以看出，37.5%的学生在做决策时具有初步的数据意识；62.5%的学生尚未有数据意识。其中，47.5%的学生是根据自己的喜好来决定秋季实践活动地点的，具有“自我决定”的特点；15%的学生是通过猜测大多数同学的想法来决定秋季实践活动地点的，有考虑他人意见的倾向，但还没有具体的数据意识。我们又对具有初步数据意识的学生进行了随机抽样访谈，发现这部分学生调查和收集数据的方法比较单一，几乎都集中在学校生活中常见的举手这种方式。

第二，为学生提供一组数据，让学生根据数据尝试解决问题，以此分析二年级学生根据数据做决策的意识。

调研题目：二（1）班要开联欢会，要买苹果、橘子、香蕉、梨四种水果。每个人从这四种水果中选出自己最喜欢的，统计后得到的结果如表2所示。

表2

水果	苹果	橘子	香蕉	梨
票数	12	3	20	5

应该怎么购买水果？请写出你的建议。

调研结果如表3所示。

表3

<table>
<tr><th>结果分类</th><th>没有根据数据提建议</th><th colspan="2">根据数据提建议</th></tr>
<tr><td>人数（百分比）</td><td>19 人（47.5%）</td><td colspan="2">21 人（52.5%）</td></tr>
<tr><td rowspan="3">典型想法</td><td rowspan="3">我喜欢香蕉</td><td>应该买香蕉，因为香蕉的票数最多。</td><td>我觉得香蕉买得最多，苹果第二，梨少一点儿，橘子最少。</td></tr>
<tr><td>只考虑一个数据</td><td>考虑了多个数据</td></tr>
<tr><td>14 人（35%）</td><td>7 人（17.5%）</td></tr>
</table>

由上表可知，47.5%的学生提的建议与数据无关；52.5%的学生是根据数据提的建议。其中，35%的学生关注的是票数最多的那个数据，只有17.5%的学生关注了多个数据。可见学生在提建议时关注数据的意识不强，即使关注数据，也往往只关注一个数据，因此提出的建议缺乏整体性。

简而言之，二年级学生更喜欢根据自己的喜好做出决策，调查意识和数据意识比较薄弱。统计内容的学习，是培养学生数据意识的有效载体，有助于科学精神的渗透与体验。

【寻找方向，明晰学习路径】

让学生经历统计活动的全过程，感受数据的价值，培养求实精神。

基于前面的教材分析与学生调研，我产生了这样的想法：创设贴近学生生活的、真实的情境，让学生在解决问题的过程中经历统计活动的全过程；围绕数据的收集、整理、分析，让学生亲近数据，感受数据的意义与价值，发展数据分析观念，培养求实精神。

结合上面的思考，我确定了本节课的学习目标和重点、难点。

学习目标：

1. 借助真实的问题情境，引导学生体会统计调查的必要性，并尝试用自己的方式收集、整理数据，感受不同记录方式的优势。

2. 结合记录的调查数据，能够读取数据中蕴含的信息，根据数据提出建议，感受数据的力量。

3. 在解决问题的过程中，经历非正式统计活动的全过程，培养求实精神和数据意识。

学习重点：能够选择合适、简洁的方式收集、整理数据，并根据多个数据做出决策。

学习难点：能够在解决实际问题的过程中，感受数据的意义和价值，发展数据分析观念，培养求实精神。

为了实现学习目标，本节课我设计了四个教学环节（如图4所示）。

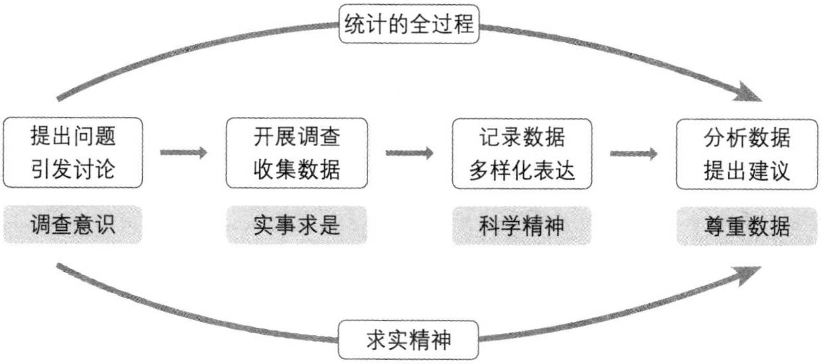

图4

环节一：出示情境，播放视频。视频中，食堂师傅说道："新学期，为了丰富同学们的午餐，我们准备对午餐的主食进行一些调整。目前午餐的主食有肉龙、米饭、花卷、面条，请你们对午餐的主食安排提出一些建议。相信你们一定能行，谢谢同学们。"教师利用这一真实的统计问题，引发学生讨论，是根据自己的喜好选择，还是先调查班级学生的喜好再做判断。学生在交流的过程中认识到，不能仅凭个人的喜好做决策，要考虑所有人的意见，这就需要进行调查。

设计意图：以真实的问题引发学生思考，根据自己的喜好、通过猜测大多数同学的喜好做决策是不科学的。学生在交流中明确解决这个问题需要先调查每个学生的喜好，再提出建议，体会调查的必要性。

环节二：学生经历写票、投票的全过程，在严肃的氛围中，感受到每一票都代表一个人的意见，每个数据都有其意义与价值。

设计意图：写票时学生填写自己喜欢的主食，再次感受到每一票都代表一个人的真实想法。让学生经历严肃的投票环节，感受投票活动的仪式感。

环节三：学生经历唱票的过程，每个学生都独立完成数据的整理与记录。教师呈现学生多样化的记录方法，引导学生观察、对比不同记录方法，感受分类记录清晰、符号记录简洁、正字记录便于计数的特点。

设计意图：在唱票的过程中，学生自主探索记录数据的方法，明确各种记录方法的特点。

环节四：整理票数，确保数据准确无误。让学生分析数据，根据数据做出决策，用数据说话，培养学生的数据分析观念和求实精神。

设计意图：整理票数容易出现错误，要让学生体会票数统计务必准确无误，从而培养学生的求实精神和科学态度。

提出建议的前提是真正读懂数据，要让学生理解建议应该是根据数据提出的。因此，教师要引导学生先观察，找到票数最多、最少等信息。学生发现单个量之后，教师要引导学生发现量与量之间还有关系，为后续读懂数据趋势做铺垫。只有充分解读了信息，学生才能依据信息提出建议。这在某种程度上降低了提建议的难度。还要让学生意识到不能只解读部分数据，要考虑到所有数据。另外，提建议时，不能只关注数据，还要关注实际情况。

【课堂实践，学习真实发生】

一、提出问题，引发讨论

教师播放视频。视频中，食堂师傅请同学们对午餐的主食调整提出建议。首先让学生明确问题：肉龙、米饭、花卷、面条这四种主食如何安排？你有什么建议？请说明理由。

在交流中，学生发现大家的口味不同，依据个别人的喜好或通过猜测大多数同学的喜好做决策都是不科学的。要想科学地做出决策，需要调查每个学生的喜好，找到合理的主食安排方案。

二、开展调查，收集数据

回顾投票流程及注意事项。每人独立写下代表自己观点的一票。在监票员的监督下，学生伴着音乐有序、郑重地在投票箱中投下自己的一票。

三、记录数据，多样化表达

投票结束后，一名学生做唱票员，两名学生做监票员，剩下的学生在纸上用自己喜欢的方式记录结果，最后统计出最终结果。

教师选择典型的学生作品展示在黑板上（如图5所示），学生先独立思考，再小组交流，最后全班分享。

活动要求：

1. 先读懂每一种方法，然后再提出自己的问题或做补充。

2. 整体观察记录方法，发现相同点和不同点。

3. 分享者用简练的语言解释你的记录方法。倾听者认真倾听，可以从启发、建议、问题三个方面进行互动。

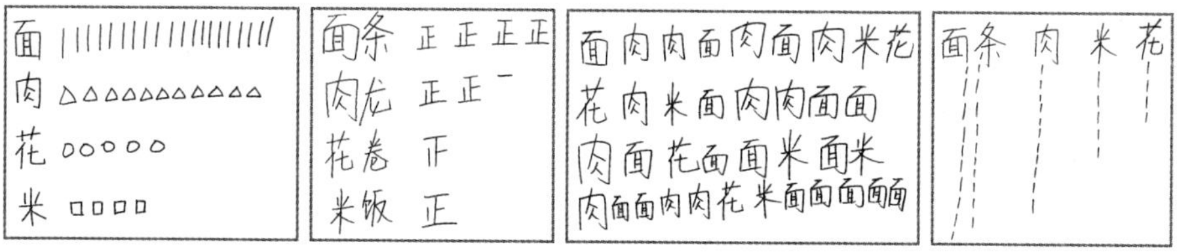

图5

学生在交流中明确了以下几点。

1. 文字记录比较慢，符号记录虽然速度有所提升，但同样不易看出调查的结果。

2. 分类记录的方式，包括用不同符号表示不同的物品和用相同符号表示不同的物品。

3. 正字的一笔表示一票，用正字计数便于最终统计总数。

师：仔细观察黑板上不同的记录方法，先试着读懂每一种方法，再整体看一看这些方法有哪些相同点和不同点。先独立思考，再小组交流。

生：我读懂了用“正”字记录的方法。一个“正”字代表一个5，肉龙有两个“正”字加上一横，表示选肉龙的有11个同学。面条这里有4个“正”，那就是4个5，表示有20个同学选面条。米饭有1个“正”字，说明有5个人选米饭。花卷只有4笔，表示有4个人选花卷。

生：我看懂了这种方法。他用一道竖杠代表一票，米饭下面有5道竖杠，代表有5个人选择米饭。花卷下面有4道竖杠，代表有4个人选择花卷。肉龙下面有11道竖杠，代表有11个人选择肉龙。面条下面有20道竖杠，代表有20个人选择面条。

生：我看懂了这种方法。他写一个“面”字代表一个人选面条，写一个“肉”字代表一个人选肉龙，写一个“米”字就代表一个人选米饭，写一个“花”字代表一个人选花卷。我觉得他这种方法可以简化一点儿。因为唱票员不会等太长时间，如果他写慢了可能会忘记下一个是什么，这样就会有点儿乱。而且他是按照读的顺序写的，最后还得找“面”“花”“肉”“米”，如果找错了也会影响最后的统计结果。

…………

师：也就是说，这样记录速度会很慢，容易跟不上，同时看起来比较乱。这些作品我们都分析过了，再整体看一看，这些方法有什么相同点和不同点?

生：有分类记录和不分类记录，但是都记录了选择每种主食的人数。

生：有的是用图形和竖杠表示的，有的是用“正”字表示的，有的是用文字表示的。

生：我发现用符号分类记录很清楚。

生：用“正”字记录数起来很方便，一个“正”字是五画，数起来特别快。

师：就像你们说的那样，分类的符号记录清晰、简洁，用“正”字记录便于最后统计数量。

四、分析数据，提出建议

根据学生记录的结果，整理喜欢每种主食的人数（如图6所示）。在汇报时，由记录错误的数据引发学生思考：票数相差不多，也不影响结果，是否可以忽略错误的存在？

面条	肉龙	米饭	花卷
20 19	11	5	4

图6

学生在交流中明确，针对具体问题，个别数据不影响结果，但是票数统计务必准确，因为每一票代表一个学生的喜好，从而培养学生严谨的科学态度。

通过核查选票，明确选择每种主食的具体人数。

生：我也是用“正”字记录的。我记录的是4个“正”，是20，再加上1笔，就是有21名同学选了面条。

师：其他三种主食的票数都是正确的，是吗？

生：是。

师：反正就面条差一票，不影响最终结果，票数差不多就行。这样可以吗？

（学生有不同意见，有的认为可以，也有的认为不可以）

师：“差不多”到底行不行？说说你的想法。

生：我觉得可以。你看，最多的，少一票，它还是最多的；最少的，多一票，它还是最少的。

师：他是从是否会影响最终票数的排序来说的。

生：我觉得不行。要是多一票的话，我们班就多一个人了；要是少一票，我们班就少一个人了。

生：我也觉得不行。现在是多一票不影响结果，可万一就差一票，就会影响最后的结果。

师：老师首先要为你们这种严谨的、实事求是的态度点赞。我们不能模棱两可，每一票都代表了一个人的选择，数据不能有错。我们可以核查票数，确保数据准确。

几次试讲，学生在统计票数时都出现统计错误的情况。“票数差不多就行”这一问题引发了学生深度思考。针对本次统计，多一票或少一票不会影响最终结果。但是一票代表一个学生的选择，不能差不多；有时候一票就会影响最终结果。这有利于培养学生实事求是的科学精神。

学生根据整理的统计表，发现选票最多、最少等信息；根据选择每种主食的人数进行排序；将选票总数和班级人数相对应。学生在发现单个数据信息后，进而发现量与量之间还有关系，为后续读懂数据趋势做铺垫。

学生根据信息独立提出建议并交流。个别学生没有根据数据提出建议。这引发学生思考。学生体会到提建议应当参照调查的数据。

最后，教师告知学生会将建议交给食堂师傅，让学生感受到调查的真实性。

【教学反思，看见学习成长】

一、让学生经历统计的全过程，培养学生的求实精神

我创设了贴近学生的真实情境，让学生经历收集、整理、分析数据的全过程，培养学生实事求是的科学精神。在本课的学习中，学生既积累了统计活动经验，又培养了数据分析观念，更提升了素养。

二、呈现多种数据记录方法，帮助学生积累数据分析经验

学生自主记录、整理数据，在读懂他人的记录方法，找出不同记录方法的相同点和不同点的过程中，感受到符号记录更为简洁，分类记录更加清晰，正字记录方便计数。这可以帮助学生积累数据分析经验，为后续统计内容的学习打下了基础。

三、培养学生的数据意识，使其感受数据的力量

通过师生对话，引发学生思考，使其感受调查的必要性，培养学生的数据意识。通过观察数据、根据数据提建议两个环节，让学生感受统计的科学性，感受数据的力量。

【专家视角，助推研究前行】

本节课具有以下几个特点。

一、引发深度思辨，培养科学精神

本节课，陈俊荣老师特别注重引导学生进行批判质疑，深度思辨，从而发展科学精神。比如，呈现不同学生的不同建议，引发学生第一次思辨，使其明确根据自己的喜好或通过猜测大多数同学的喜好做决策是不科学的。科学的办法，是先进行实地调研，收集、整理、分析数据，再做决策。又如，提出“票数相差不多，也不影响结果，是否可以忽略错误的存在”这一问题，引发学生第二次深度思辨，使其明确票数要准确无误。再如，个别学生没有根据数据提出建议，这引发学生思考。学生体会到提建议应当参照调查的数据，感受到数据的作用、数据的力量。在这样的思辨活动中，学生体会到数据中蕴含着信息，它可以帮助我们解决问题。陈老师在润物细无声中培养了学生的实证意识、理性思维和科学精神。同时，在这一过程中，学生还学会了如何独立思考、如何清楚地表达自己的想法、如何倾听别人的发言、如何有效地沟通与合作、如何寻找证据支持自己或他人的观点、如何反思自己的不足……真正将数学教育的重心牢牢地“踏”在教育上。

二、“鱼与熊掌”兼得，奏响教学主旋律

众所周知，问题解决能力是国际上公认的四大高阶思维能力之一。本节课是“统计与概率”领域的一个内容，其核心是发展学生的数据分析观念。如何将二者有机融合，在教学中做到“鱼与熊掌”兼得呢？陈老师精心创设了一个食堂师傅发布问题的情境：“新学期，为了丰富同学们的午餐，我们准备对午餐的主食进行一些调整。目前午餐的主食有肉龙、米饭、花卷、面条，请你们为午餐的主食安排提出一些建议。”这样一个真实的生活情境是学生熟知的，以问题驱动：对这四种主食如何安排？同学们喜欢哪一种？你有哪些建议反馈给食堂师傅？通过对这几个问题进行研究，学生感受到生活中很多问题的解决，都需要先做调查研究，收集、整理数据，描述、分析数据，然后做出决策。学生经历了一个完整的问题解决过程，这不仅培养了学生的问题解决能力，而且使学生深切地体会到统计是解决问题的一种重要方法和策略，感悟到统计的意义和作用。

>>> 点评专家：北京市朝阳区教育研究中心小学教研室原主任　高萍

理解平均数的统计意义，发展数据分析观念
——“平均数”教学实践与思考

【发现问题，开启研究】

北师大版教材为什么要将两组数据变为一组数据呢？

“平均数”是小学数学的一个传统教学内容。关于平均数的教学，大致经历了三个阶段。第一阶段，注重算法理解，走的是典型应用题的路，把平均数当作典型应用题来讲，关注的是一招一式一技，注重机械训练。第二阶段，注重概念理解，走的是操作的路，注重理解“平均”二字。第三阶段，回归“统计与概率”领域，注重对平均数的统计意义的理解，这体现了对学科素养的关注。

随着教学关注点的变化，教材的呈现方式也发生了变化。关于“平均数”这一内容，相较于北师大版旧版教材（如图1所示），北师大版新版教材（如图2所示）有两点突出的变化：一是将两组数据调整为一组数据；二是从凸显平均数的优势，变为选用多种分析方法刻画数据。北师大版教材为什么会有这样的变化？学生要经历怎样的教学活动才能更好地理解平均数的统计意义？怎样借助平均数这一内容的教学，发展学生的数据分析观念呢？

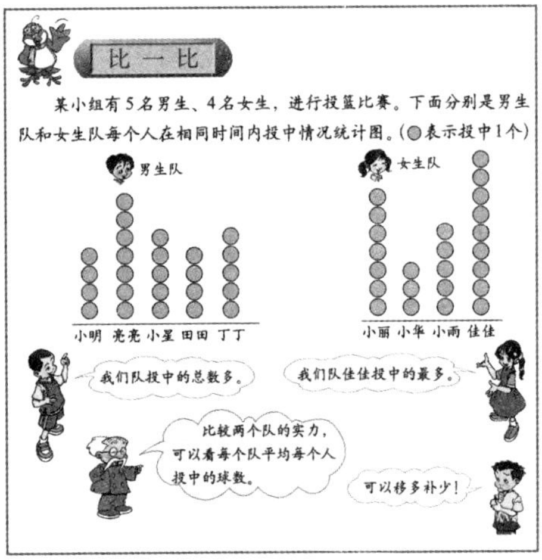

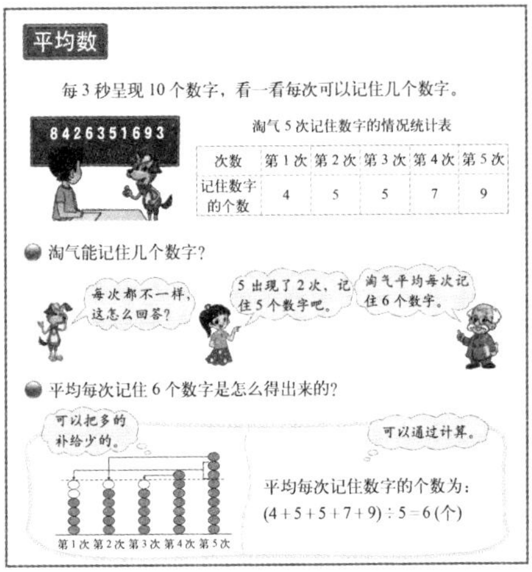

图1　　　　　　　　图2

【聚焦教材，从单元视角思考】

避开误区，聚焦平均数的代表性，发展学生的数学素养。

通过研读北师大版新版和旧版教材，我认为北师大版新版教材是基于平均数的本质，从发展学生的数据分析观念的角度出发而做出改变的。

一、将两组数据变为一组数据，避开误区，聚焦平均数的代表性

北师大版旧版教材中，有“男生队投中情况”和“女生队投中情况”两组数据。而北师大版新版教材中只有“淘气记住数字情况”这一组数据。北师大版旧版教材的情境聚焦于比较，在人数不相等的情况下，求和不能解决问题，让学生产生对平均数的需求。但是这样容易给学生造成一个误区，即将平均数等同于公平数。北师大版新版教材将两组数据变为一组数据，这样的变化符合平均数的产生过程。同时，能更好地帮助学生体会随机性，即对同一件事情，每次收集到的数据可能不同，聚焦平均数的统计意义——平均数是一组数据的代表。

二、从凸显平均数的优势，变为选用多种分析方法刻画数据，落实课标要求

《义务教育数学课程标准》（2011年版）指出，对于同样的数据可以有多种分析的方法，需要根据问题的背景选择合适的方法。在以往的教学中，我过多地强调平均数的公平性。但是平均数真的公平吗？我让学生从一组数据中选取代表。学生选取的代表包括最大的数、最小的数、出现次数最多的数（众数）、最中间的数（中位数）以及平均数。这可以使学生感受到，平均数只是众多统计量中的一个，可以从多个角度分析同一组数据。让学生选用多种分析方法刻画数据，是对课标要求的切实落实。

三、单元整体分析，力求让学生经历统计全过程

北师大版新版教材四年级下册第六单元“数据的表示和分析”，第一节是“生日”，第二节是“栽蒜苗（一）”，第三节是“栽蒜苗（二）”，第四节是“平均数”，隶属于“统计与概率”领域。

“统计与概率”的内容可以分为两部分：一部分是统计的内容，一部分是概率的内容。纵观北师大版新版教材，概率的内容有：四年级上册“可能性”，五年级上册“可能性”；统计的内容有：一年级上册“分类”，二年级下册“调查与记录”，三年级下册“数据的整理和表示”，四年级下册“数据的表示和分析”，五年级下册“数据的表示和分析”，六年级上册“数据处理”。我们可以发现，在小学六年中，概率的内容只有两个单元，而统计的内容却是贯穿一至六年级。可见，北师大版新版教材是十分重视统计内容的教学的。一至六年级的统计内容正是按照“数据的收集—数据的整理—描述与分析”这样一个完整的统计过程来安排的。

通过整体分析四年级下册“数据的表示和分析”这一单元，我发现它也是按照统计的全过程来安排的。虽然每节课的名称不一样，教学侧重点也不同，但是体例十分相似：从一个生活问题出发，需要调查、收集数据，对数据进行整理和分析，做出初步判断，也就是让学生经历一个统计的全过程。

四、纵向梳理教材，发现“远观—近看—丰富”的认识过程

平均数的内容在北师大版一至九年级的教材中，一共出现了三次。分别是四年级下册第六单元“数据的表示和分析”中的“平均数”，五年级下册第八单元“数据的表示和分析”中的“平均数的再认识”，还有八年级上册第六章“数据的分析”中的“平均数”。

四年级的“平均数”一课，是学生第一次学习用一个数去代表一组数据。这节课的教学目标是让学生了解平均数的意义，会求简单数据的平均数（结果为整数），并能用平均数解决简单的实际问题。五年级的“平均数的再认识”，是让学生进一步认识在不同情境下，极值对平均数的影响，体会平均数的意义，利用平均数解决生活中的实际问题，感受数学与日常生活的密切联系。八年级的“平均数”一课，在算术平均数的基础之上，引入了加权平均数。这节课的教学目标是让学生不但会求一组数据的算术平均数和加权平均数，体会权的差异对结果的影响，理解算术平均数和加权平均数的联系和区别，而且能利用算术平均数和加权平均数解决生活中的一些实际问题，进一步增强统计意识和数学应用能力。

纵观北师大版一至九年级的数学教材，平均数的教学安排，在内容上层层递进，由浅入深：从四年级的“远观”平均数，了解平均数的意义，初步分析数据；到五年级的“近看”平均数，利用平均数解决生活中的实际问题；再到八年级的“丰富”平均数，利用多种类型的平均数全面分析数据。这种编排强调平均数在统计学中的意义。因此，四年级“平均数”一课的学习，要让学生经历一个完整的统计过程，即经历“发现问题—收集数据—整理、分析数据—依据数据做出判断”的过程。这充分体现了教材对发展学生统计素养的追求，也是教材基于素养的设计亮点。我们要从数据分析的角度来研究平均数，让学生在统计活动中理解平均数概念的本质。

【走近学生，发现生长可能】

学生熟练掌握平均数的算法，但没有真正理解平均数的统计意义。

为了了解学生的数据分析观念现状，我们做了学情调研。

学情调研一

调研题目：魔方大赛，老师要买奖品，买什么呢？这个问题怎么解决？

调研目的：了解学生面对生活中的实际问题，是否具有先调查、收集数据，再进行数据分析从而解决问题的意识。

调研结果：学生的选择可以分为三类（如表1所示）。

表1

学生表现分类	百分比
无统计意识，依据自己的喜好选择购买奖品的种类	67.7%
具有初步统计意识，考虑到别人的需求，但无统计方案	27.3%
较有统计意识，并意识到统计的必要性	5.0%

《义务教育数学课程标准》（2011年版）指出，在现实生活中有许多问题应当先做调查研究，收集数据，通过分析做出判断，体会数据中蕴含着信息。从表1中我们可以发现，67.7%的学生没有统计意识，只根据自己的喜好进行选择；27.3%的学生具有初步的统计意识；只有5.0%的学生较有统计意识。虽然在一、二年级的教学中，学生经历了统计活动，渗透了统计知识，不过“统计与概率”领域所占课时较少，因此，很多学生不能利用统计方法解决生活中的实际问题，数据分析观念还比较薄弱。

学情调研二

调研题目：淘气在体育课上练习踢毽子。第一次踢了4个，第二次踢了5个，第三次踢了5个，第四次踢了8个，第五次踢了9个，第六次踢了5个。你认为淘气一次能踢多少个？写出你的结论和想法。

调研目的：了解学生对平均数概念的理解情况，以及面对同一组数据能否有多种分析方法。

调研对象：四（1）班34人。

调研结果：如表2所示。

表2

	平均数	众数	不会
人物	25	5	4
百分比	73.5%	14.7%	11.8%

由表2可知，73.5%的学生能够使用平均数表示淘气一次能踢多少个毽子。看似大部分学生掌握了平均数的统计意义，但是有老师提出，调研题目的叙述和呈现方式会对学生解决问题产生干扰，“你认为淘气一次能踢多少个”像应用题的问题，不像统计问题，容易让学生想到采用运算的方式，即求平均数来解题。

基于以上分析，我们再次进行了调研，以减少题目的叙述和呈现方式对学生解决问题的干扰。

学情调研三

调研题目：请看下面的小苗长势统计图（图3）。

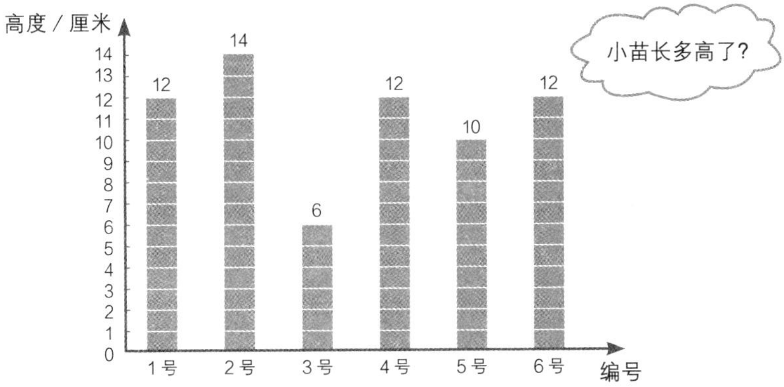

图3

刘校长您好，我们的小苗的高度是：________________________

调研目的：了解学生对平均数概念的理解情况，面对同一组数据能否有多种分析方法，以及调研题目的叙述和呈现方式对学生解决问题的影响。

调研对象：四（1）班34人。

调研结果：如表3所示。

表3

	罗列	最大或最小	给出范围	平均数	众数	中间数
人数	19	3	3	6	2	1
百分比	55.9%	8.8%	8.8%	17.6%	5.9%	2.9%

调研题目的叙述和呈现方式发生了变化，调研结果也随着发生了变化。用平均数作为这一组数据的代表的人数明显减少，出现了多种分析方法。

特别值得关注的是，有55.9%的学生采取了罗列的方式。我们对部分采取罗列方式的学生进行了访谈，有学生表示："我想让校长全面地了解小苗的生长情况，于是我就把这些都写出来了。"

由此可见，面对生活中的真实问题，需要描述一组数据的整体水平时，对学生来说，采用何种方式分析数据比较有挑战性，需要我们在教学过程中重点关注。通过综合分析可以发现，大部分学生具有用一个数据代表整体数据的意识，但是有些学生无法采用恰当的方法找到这个数据。

【寻找方向，明晰学习路径】

让学生经历统计活动的全过程，理解平均数的统计意义。

基于前面的教材分析与学生调研，我产生了这样的想法：平均数的学习，一定要让学生在解决实际问题的过程中产生对数据的需求，在数据分析的过程中学习平均数，理解平均数的意义，发展数据分析观念。

结合上面的思考，我确定了本节课的学习目标和重点、难点。

学习目标：

1. 理解平均数的意义，初步学会求平均数的方法。

2. 经历观察、比较和分析数据的过程，学会运用平均数进行数据分析的方法。

3. 体会平均数的价值，发展数据分析观念，提升学习数学的兴趣。

学习重点：经历观察、比较和分析数据的过程，理解平均数的统计意义，学会运用平均数进行数据分析的方法。

学习难点：体会平均数的价值，发展数据分析观念。

为了实现以上学习目标，本节课我设计了四个教学环节（如图4所示）。

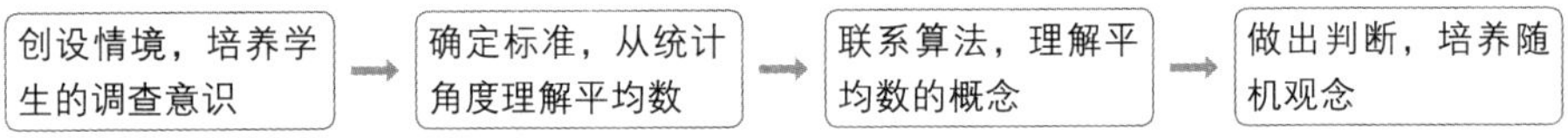

图4

环节一：教师提出问题——“我家的用水量在小区里是偏低还是偏高”，引发学生讨论如何解决这一问题。

设计意图：让学生在讨论和交流中，意识到解决问题需要数据，培养学生的调查意识。

环节二：把平均数放在众多统计量当中来学习，让学生在统计的大背景下，感受平均数的意义。

设计意图：学生独立选取标准的过程，实际上是分析数据的过程。在这一教学环节，学生体会到对同样的数据可以采用多种分析方法。既可以选择最多的数或最少的数（也就是极值）作为一组数据的代表，也可以选择出现次数最多的数（众数）作为一组数据的代表，还可以选择平均数作为一组数据的代表。要让学生体会到众多统计量都是有用的，平均数只是众多统计量中的一个。

环节三：讨论平均数，让学生掌握平均数的算法，初步感受平均数的特性，重点理解平均数的代表性。

设计意图：一是让学生理解平均数是怎么来的，掌握平均数的算法和移多补少的方法。二是让学生理解平均数的统计意义。平均数统计意义的核心是代表性。教师提出相关问题让学生讨论，使学生对平均数的认识从算法和操作层面提升到统计层面。

环节四：学生依据自己的分析对老师家的用水量是偏低还是偏高做出判断。要让学生意识到，想得出更准确的结果，就要有足够多的数据作为支撑。

设计意图：使学生意识到对同一件事情，每次收集到的数据可能是不同的。当数据足够多的时候，我们可能会发现规律，这有助于我们做出判断。让学生感悟随机性，也是培养数据分析观念的一个重要组成部分。

通过以上四个教学环节，使学生经历统计的全过程，理解平均数的统计意义，发展数据分析观念。

【课堂实践，学习真实发生】

一、创设情境，培养学生的调查意识

课前谈话从我国是个淡水资源缺乏的国家引入，教师与学生聊了很多节水的措施。课一开始，教师抛出一个问题，以此导入新课。

师：老师遇到了一个问题，我采取了很多节水措施，可是我家的用水量在小区里是偏低还是偏高呢？你们有什么好办法帮助我解决这个问题吗？

生1：我觉得是偏低的，因为您使用了节水马桶，冲厕所就节约很多水。

师：感谢你肯定了老师的节水办法，但是只有我家使用节水马桶吗？

生2：您可以看水表，这样就能了解到自己家的用水量。

师：了解自己家的用水量很重要，可是我家的用水量在小区里是偏低还是偏高呢？

生3：我认为您应该统计一下邻居的用水量是多少，然后找标准，看和用水少的人家比，还是和用水多的人家比。

师：小姑娘真了不得，她刚才的发言有两点特别值得肯定。第一，她

具有统计意识，生活中有些问题是需要我们调查一下才能解决的。第二，她还知道要找标准，这很了不起。

卡点处理：学生的数据分析观念淡薄。

好的教学对话有利于教学目标的达成。这一环节的师生对话开始于这样一个问题："我家的用水量在小区里是偏低还是偏高呢？"这让学生感受到我们解决的是生活中的真实问题。正是在这样的真实情境中，学生暴露了数据分析观念淡薄的问题。在寻找解决问题的方法的过程中，学生体会到：要想解决这个问题，就必须对邻居家的用水量进行调查，只有收集到邻居家的数据，才能解决这一问题。

二、确定标准，从统计角度理解平均数

在上一环节的讨论中，学生有了数据的需求。但是本节课的重点不是收集、整理数据，而是分析数据，因此，课上教师将收集、整理数据这一过程省略，直接出示了数据。因为收集的数据是不同的，自然产生了这样的问题：到底该怎么比，和哪个数据比呢？课堂教学就这样自然地向前推进。

师：我在小区调查了几个三口之家的用水量（出示图5），现在这里有6个数据，我到底该怎么比，和哪个数据比呢？

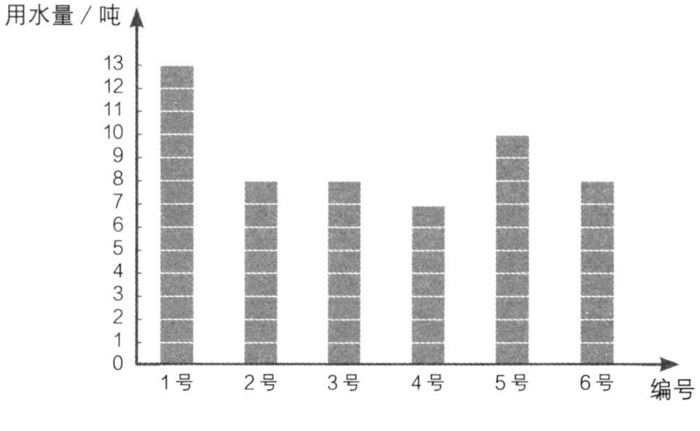

图5

（学生先对这6个数据进行分析，然后确定标准）

生1：我觉得应该和4号家庭的7吨比。

生2：我认为应该和1号家庭的13吨比。

生3：我觉得应该和8吨比较。

…………

卡点处理：在数据分析的过程，没有出现平均数。

四年级学生一定听过平均数，有些学生在上课之前还会算平均数，但是学生对平均数的认识很可能停留在算法层面。学生独立分析数据的时候，教师可以巡视，适当地进行个别指导。如果全班没有人知道解决方法，教师要引导，比如，“淘气也有自己的想法，他觉得应该和9吨比”，从而引出平均数，推动课堂教学向前发展。

三、联系算法，理解平均数的概念

学生对为什么选9做标准提出了疑问。最大数、最小数、出现次数最多的数、最中间的数，都是比较显性的，而平均数9并不在原始数据当中。教师要让学生真正明白9是怎么来的，它代表什么。

生：9是从哪里来的？

生：其他标准我都能看到，（原始数据中）没有9啊？怎么能做标准？

师：同学们的问题都很好！是呀，原始数据中并没有9，这个9是怎么来的呢？请大家思考一下，可以写写画画。

生：9是这样来的（边说边演示）。

$$(13+8+8+8+7+10)\div 6=9$$

生：我同意他的观点。13吨是1号家庭的用水量，3个8吨分别是2号、3号和6号家庭的用水量，7吨是4号家庭的用水量，10吨是5号家庭的用水量。把它们加在一起算的是6个家庭的总用水量，再除以6，就是平均的用水量了。

师：用水量是有高有低的，通过列式计算，我们得出了平均用水量。

除了列式计算，还可以采用什么方法？（可以采用移多补少的方法）

…………

师：平均数9代表什么呢？

生：9代表1号至6号家庭的平均水平。

师：平均数9不在这组数据中，它为什么能作为这组数据的代表呢？

生：9是平均分之后得到的数。

师：平均分，是真的把1号家庭的4吨水分给了2号和3号家庭吗？那1号家庭交水费只要交9吨的就可以了吗？

生：不可以，因为不是真的给了他们。

生：因为9吨和每家都有关系，所以9吨代表的是这6个家庭的整体水平。

四、做出判断，培养随机观念

确定了标准，学生就可以做出判断了。教师提出问题，引导学生关注数据的随机性。

师：我家的用水量是中等偏低水平，相对来说算是节约的。我们小区要是评一些“节水之家”的话，那我家是不是一定能评上？

生：4号家庭的用水量比您家的少。

生：你说得很有道理，但是我觉得可能还有家庭的用水量更少。

生：我同意××同学的发言。我觉得调查6个家庭有点儿少，可以再多调查一些家庭。

【教学反思，看见学习成长】

好的追问，可以引发学生深入思考，推进课堂教学向前发展，帮助学生领会数据的本质。

追问一：原始数据中并没有9，这个9是怎么来的呢？

通过这一追问，我引出平均数的计算方法和移多补少的操作方法，让学生在计算和操作中初步体验平均数和每一个原始数据都有关系，平均数受到每一个原始数据的影响。

追问二：平均数9代表什么呢？

平均数代表的是一组数据的整体水平，这正是平均数的核心意义。得出平均数的数值容易，说明平均数的意义可就难了。列式计算的方法和移多补少的方法的呈现，为学生说明平均数的意义奠定了基础。在计算平均数时，要先求出6个家庭用水量的总和，再除以6，才能得出平均数9。这个9吨和每个家庭都有关系，9吨代表这6个家庭的整体水平。同样，从用水多的家庭拿出水量补给用水少的家庭，才得出平均数9。这个追问，把平均数的算法和平均数的意义建立了联系，让学生对平均数的意义有了更加深刻的认识。

追问使学生对平均数的理解从算法层次上升到了统计层次。这也表明学生的数据分析观念得到了发展。

【专家视角，助推研究前行】

平均数在教学中似乎成了一个“难题”，许多公开课都在上，但似乎总让人感觉到“不给力”。对学生的调研也说明了这一点，尽管他们在课堂中不断听到教师提及平均数非常有用，但似乎在自己的学习中接触不多，以至于许多学生在对数据进行刻画和比较两组数据时往往不使用平均数。

当然，这种现象与平均数意义的丰富性有关。蔡金法指出，理解算术平均数时应该包括：（1）算法的程序性理解；（2）算法的概念性理解；（3）作为描述、理解和比较数据统计量的概念性理解（统计方面的概念性理解）。这一点正好对应了《义务教育数学课程标准》（2011年版）中的“体会平均数的作用，能计算平均数，能用自己的语言解释其实际意义”。

由此可以看出，对平均数的认识不是一蹴而就的，需要一个长期的过程，而平均数的初步认识无疑是关键。如何帮助学生建立对平均数的初步理解，又切实促进学生数据分析观念的发展，这个课例做了有益的尝试。

首先，在教学中，老师们越来越意识到，平均数的教学不能仅仅停留在算法上，还要让学生理解平均数。这就包括让学生理解“为什么要学习平均数”——平均数的作用和价值，“平均数是什么”——平均数是描述一组数据集中趋势的一个统计量。当然，两者是相辅相成的。本节课创设了判断用水量是低还是高的实际问题，鼓励学生尝试从数据中提取信息加以判断，从而解决问题。总之，学习统计，创设真实而符合学生实际的情境是很重要的。

可贵的是，本课例没有局限在用平均数刻画数据上，而是遵循学生的真实想法，鼓励学生从各种角度来分析数据。学生选择了多种方法，包括出现次数最多的数（众数）、最中间的数（中位数）、平均数、最大值、最小值等，正好体现了数据分析观念中的重要一点——“了解对于同样的数据可以有多种分析的方法，需要根据问题的背景选择合适的方法”，同时也帮助学生从数据中获取更为丰富的信息，体会数据中蕴含着信息。确定标准也正说明了学生创新意识、理性思维的发展。

同时，作为描述数据集中趋势的统计量之一，平均数有其特征，这和它的算法是分不开的。平均数有哪些特征？鲍建生、周超指出，学生对平均数的理解一般涉及以下几个方面：（1）平均数介于最小值和最大值之间；（2）数据与平均数之间的差，其和为零；（3）平均数易受到平均以外的数据的影响；（4）平均数未必是数据中的一个值；（5）平均数可能是非整数且无实物可以对照；（6）计算平均数时不可删去零值的数据；（7）平均数代表被平均的所有资料；（8）平均数容易受到数据中奇异值的影响。① 这节课中，陈俊荣老师鼓励学生讨论平均数9在原始数据中并没有，它是怎么来的，为什么可以作为标准，让学生体会平均数的特点。

进一步，如何设计更贴近学生生活经验的真实情境，鼓励学生处理真实的数据从而解决问题，是我们需要共同努力的。

>>> 点评专家：北京教育科学研究院教授　张丹

① 鲍建生，周超．数学学习的心理基础与过程［M］．上海：上海教育出版社，2009：357.

为每个数据找到自己独特的位置
——“摸球游戏”教学实践与思考

【发现问题，开启研究】

学生没有进行数据分析的动机。

“摸球游戏”是北师大版五年级上册“可能性”单元中的内容。教材中设计了这样的活动：袋子里放两种颜色的球，在不知道具体数量的情况下，学生进行摸球活动，最后根据摸球汇总数据猜测袋子里面哪种颜色的球更多。但是，我们在教学实践中发现，学生根据最后的摸球汇总数据进行“数据分析”，几乎不需要任何认知努力就能得到答案，也就是没有进行数据分析的动机。甚至，“随机性”在这种情况下发展成了“肯定性”。那么，何种数据处理方式，更加符合儿童的认知习惯，更有利于凸显“数据分析”的过程，发展学生的数据分析观念？

【聚焦教材，从单元视角思考】

大数规律性与不确定性体验要时时处处保持协调。

《义务教育数学课程标准》（2011年版）指出：“通过数据分析体验随机性，一方面对于同样的事情每次收集到的数据可能不同，另一方面只要有足够的数据就可能从中发现规律。数据分析是统计的核心。”史宁中教授在

《“数据分析观念”的内涵及教学建议》一文中明确指出，统计最核心的就是数据分析，统计是处理数据的一门科学和艺术。史宁中教授还特别举例说明，在摸球游戏中，如果学生已经知道了球的具体情况再进行试验，蕴含的随机思想并不强，学生也不感兴趣，都知道了概率为什么还要做试验。在摸球游戏中，要让学生体会到每一次摸的结果事先都不知道，但是摸的次数多了能够帮助我们做一些判断。这样一来，学生既能体会随机性，又能感受到数据中蕴含着信息。这样的教学设计有利于发展学生的数据分析观念。

无论哪个版本、哪个年级的教材，都在落实《义务教育数学课程标准》（2011年版）和专家提到的发展学生的数据分析观念，教学活动都围绕着“数据”开展。

针对“可能性”的学习，北师大版教材分别在四年级上册和五年级上册安排了一个单元。在四年级上册“可能性”的学习中，学生体验了简单情境下的随机现象，能够对可能性的大小进行定性描述，并根据数量结构判断可能性的大小。这为本单元的学习奠定了基础。

在五年级上册“可能性”单元中，“谁先走”和“试一试”这两节课，通过公平、不公平的问题引发学生对等可能性和不等可能性的思考。通过掷瓶盖的实验，使学生初步感受到只有在大数据的背景下才能够做出更可靠的推断。

对“摸球游戏”这节课，通过对比北师大版和人教版教材可以发现，这两个版本的教材都让学生经历了收集数据、整理数据、分析数据的真实的统计过程（如图1北师大版、图2人教版所示）。

不打开盒子看，如何知道盒子里红球多还是黄球多？

小组合作进行摸球活动，在下表中记录每次摸到的球的颜色。

第几次	1	2	3	4	5	6	7	8	9	10	11	12	13	14	15	16	17	18	19	20
颜　色																				

图1

小组活动：盒子中装有红、黄两种颜色的球，每个小组的盒子里装的球都是一样的。从中摸出一个球后再放回去摇匀，重复20次并记录下球的颜色。

下面是八个小组的统计情况。

次数 小组 颜色	1	2	3	4	5	6	7	8	合计
红球	15	16	12	18	15	16	14	17	123
黄球	5	4	8	2	5	4	6	3	37

图2

根据《义务教育数学课程标准》（2011年版）对数据分析观念的界定，要引导学生在统计的过程中体验随机性，一方面对于同样的事情每次收集到的数据可能不同；另一方面只要有足够的数据就可能从中发现规律，从而基于数据做出推断。但是基于大数规律性做出的推断，又存在着一定的不确定性。两者的体验要时时处处保持协调，缺一不可。

【走近学生，发现生长可能】

发现符合学生认知习惯的数据处理方式的价值。

让学生在感受大数规律性的同时，体验不确定性；在体验不确定性的同时，理解大数规律性。这是本节课的教学追求。但是，根据汇总的数据“123次”和“37次”，猜测哪种颜色的球更多，学生还需要进行数据分析吗？这样的“摸球游戏”能融入多少对数据随机性的体验呢？在实际教学中我发现，面对汇总后相差悬殊的两个数据，学生进行数据分析的需求极大地降低了，他们更多地体验到了大数规律性，而忽视了不确定性。

我在五年级一个班进行完教材设计的“摸球游戏”的教学后，用下面的测试题目对学生进行了调研。

调研题目①：

袋中有黄、白两种颜色的球共10个，这些球除颜色外完全相同。6位学生想通过摸球来推测袋中哪种颜色的球更多。他们每次摸之前都把球摇匀，摸出一个球记下颜色后，再将球放回袋中，接着进行下一次，每人各摸10次。6人摸球的结果如表1所示。

表1

	淘气	笑笑	奇思	妙想	聪聪	强强
黄球（次）	7	9	4	6	7	8
白球（次）	3	1	6	4	3	2

根据这6位学生摸球的结果，以下分析更合理的是（　　）

A. 奇思肯定记录错了，摸出黄球的次数不可能比白球少。

B. 因为有时摸出黄球的次数多，有时摸出白球的次数多，所以无法推断袋里哪种颜色的球多。

C. 6位学生中有5人都是摸出黄球的次数多，所以袋里一定是黄球多。

D. 虽然有可能推断错误，但还是应该推测袋里黄球多。

请你说明选择的理由：____________________________。

根据学生的选项和理由，我对部分学生进行了有针对性的访谈，并对调研结果进行了具体分析（如表2所示）。

① 选自北京市海淀区2018年七年级数学学生学习水平调研。

表2

	主观判断，不能理解随机性	理解不确定性，不能发现规律	能够发现规律，但不能理解不确定性	既能发现规律，又能理解不确定性
人数	6	2	11	15
百分率	17.6%	5.9%	32.4%	44.1%
学生理由举例	万一是其他人错了呢？所以我选 A。	还有一种可能性，摸的全是白球或黄球，所以我选 B。	通过对比数据可以发现，摸到黄球的次数明显比摸到白球的次数多，所以我选 C。	6位学生中有5位摸到黄球的次数比摸到白球的次数多，但这不代表黄球一定比白球多。所以我选 D。

由表2可知，只有44.1%的学生既能发现规律，又能理解不确定性。很多学生不能完整理解随机性，忽视了不确定性或规律性。

在真实的统计过程中，学生会收集真实的、不同的数据。虽然教材引导学生先汇总求和再推断，但是面对这些数据，学生会怎么处理呢？其他数据处理与分析方式能否更好地引导学生感受随机性，培养学生的数据分析观念呢？

我借用上述调研题目，提出问题："你能根据这些数据判断哪种颜色的球多吗？你是怎么判断的？把你的方法写出来。"

根据调查结果，仅有13.3%的学生是采用汇总求和的方法判断的。例如，7+9+4+6+7+8=41，3+1+6+4+3+2=19，41>19，所以可能黄球多。63.4%的学生是根据频次判断的，比如，"因为6位学生中有5位摸到黄球的次数比摸到白球的次数多，所以可能黄球多"。还有23.3%的学生不能采用正确的方法处理数据。我对学生进行了访谈，发现了其中的原因。很多学生认为，先汇总求和再推断，操作起来不方便，而根据频次很快就能判断出来。

《义务教育数学课程标准》（2011年版）指出，"了解对于同样的数据可以有多种分析的方法，需要根据问题的背景选择合适的方法"。根据频次判断的数据处理方式，更加符合学生的认知习惯，能让学生充分体验随机性，更有利于发展学生的数据分析观念。

【寻找方向，明晰学习路径】

改变数据呈现方式，发展学生的数据分析观念。

有人说：“只要你为数字提供清晰、服众的展现方式，数字就可以告诉我们很重要的信息。”这句话引发了我的思考。学生已经积累了丰富的数据直观表示的经验和基础。因此，本节课，我打算在数据的呈现方式上做一些新的尝试，以发展学生的数据分析观念。

结合以上思考，我确定了本节课的学习目标和重点、难点。

学习目标：

1. 在摸球游戏中经历收集数据、整理数据、分析数据的真实过程。

2. 直观地表示、分析数据，并能做出较为合理的推断。

3. 在试验、观察、比较、推理等活动中，逐步感受数据的不确定性和规律性，发展数据分析观念。

4. 感受到数据的力量，亲近数据，读懂数据。

学习重点：直观地表示、分析数据，并能做出较为合理的推断。

学习难点：感受数据的不确定性和规律性，实现二者之间的协调。

为了实现以上学习目标，本节课我设计了五个教学环节（如图3所示）。

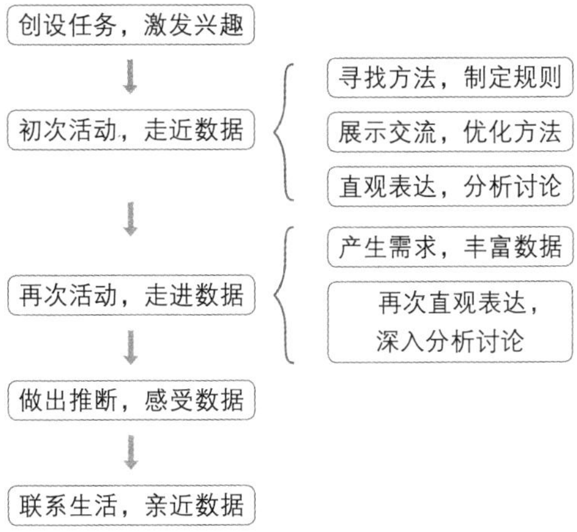

图3

环节一：教师创设任务，让学生在不打开袋子的情况下想办法判断里面哪种颜色的球多，哪种颜色的球少，激发学生探究的兴趣。

设计意图：使学生明确解决这类问题，应当先做调查研究，收集数据，然后分析数据，体会数据中蕴含着信息。这个起始环节很重要，有利于教学的开展。

环节二：引导学生进行第一次摸球活动，走近数据，优化记录方法、表达方式等。

设计意图：引导学生通过讨论形成摸球规则，培养学生的规则意识。让学生感受数据呈现方式的重要性，并再次感受数据的随机性。

环节三：再次进行摸球活动，让学生走进数据，获得更加丰富的数据和信息。

设计意图：让学生再一次体会到数据的随机性。

环节四：引导学生对比、分析两幅图，根据数据做出初步推断，感受数据的力量。

设计意图：使学生感受到基于大数据的推断会更加可靠。

环节五：将“摸球游戏”的原理推广到生活中，让学生体会数据在生活中的应用价值。

设计意图：帮助学生拓展思路，促使他们带着数学的眼光去观察周围的世界。

【课堂实践，学习真实发生】

一、创设任务，激发兴趣

教师将任务呈现给学生：“袋子里有黑色和白色两种球，所有袋子里装的球都是一样的。你能不能在不打开袋子的情况下，知道里面哪种颜色的球多？哪种颜色的球少？”

学生基本上都能想到通过摸球的方式进行判断。教师要让学生感受到摸球的价值，激发学生进一步探究的兴趣。

二、初次活动，走近数据

1. 摸球准备活动。

让学生就摸球的规则和方式进行讨论，最后形成具体可行的摸球规则：先摸10次，记录摸到的黑球和白球的次数。

2. 第一次摸球。

学生分组活动，并记录数据。

3. 交流分享。

（1）评价记录数据的方法。

让学生围绕不同的记录方法（如图4所示）进行交流，分析各种方法的特点。在交流分享的过程中，学生感受到数据的记录是有学问的，要学会选择比较合适的方法进行记录。

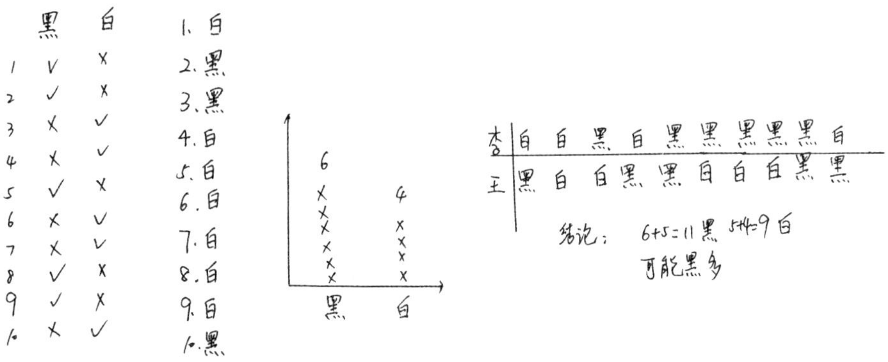

图4

（2）感受数据的随机性。

让学生先对上面的数据进行分析，然后讨论：在摸球活动中产生了不同的数据，这是为什么？让学生体会每次摸球的不确定性，初步感受数据的随机性。

（3）评价数据的呈现方式。

教师让学生根据上述数据做出推测，学生不太确定自己的判断。在讨论怎么解决这个问题的过程中，学生提到了两种方法：一是增加摸球的次数；二是把全班摸球的数据汇总在一起。大部分学生认为可以先利用全班已有的数据进行初步判断。

教师板书所有小组的摸球数据（如图5所示）。学生提出了疑问，认为数据呈现不够清晰，希望教师能够对数据进行分类。

然后，教师呈现了一个分类的坐标轴。这样，每个学生的数据都可以在这个坐标轴中得以呈现（如图6所示）。

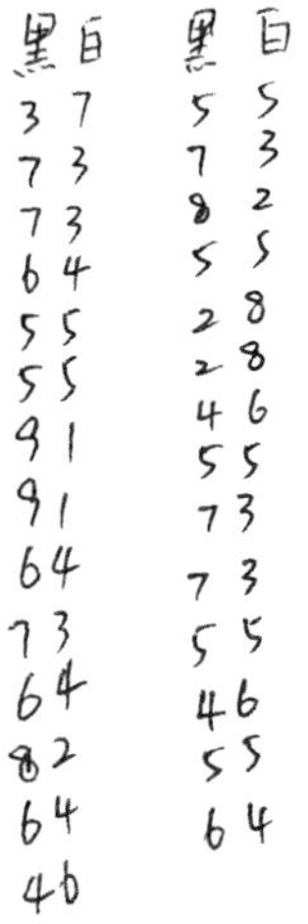

图5

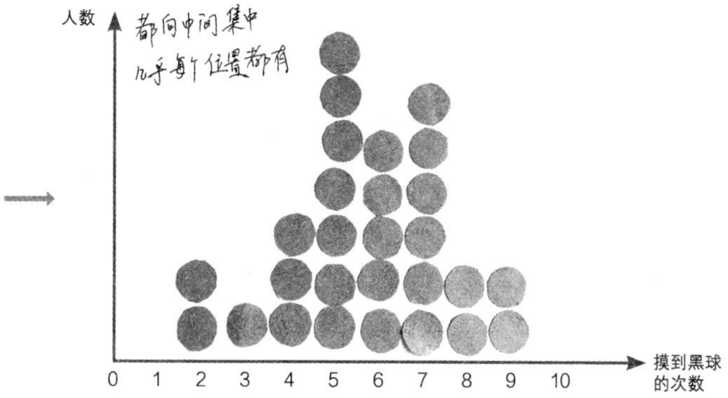

图6

（4）初步判断。

引导学生观察图6，理解坐标轴的含义。横坐标代表摸到黑球的次数，纵坐标代表人数。根据统计图，学生既能感受到数据的分散分布，又能初步感受到数据的集中趋势。在这种情况下，让学生尝试推测哪种颜色的球多。学生认为可能黑球多，但不是很有把握。

三、再次活动，走进数据

教师引导学生思考：怎样才能得到一个更有把握的判断呢？学生认为需要获得更多的数据。教师再组织学生摸球30次，并记录结果。

四、做出推断，感受数据

教师引导所有学生将自己的数据呈现在黑板上，这个时候就会得到另一幅统计图，摸球10次和摸球30次的统计图形成了对比（如图7所示）。然后，教师提出问题："从图中你们发现了什么？能不能解决哪种球多的问题？"学生就这两个问题展开了积极的讨论。

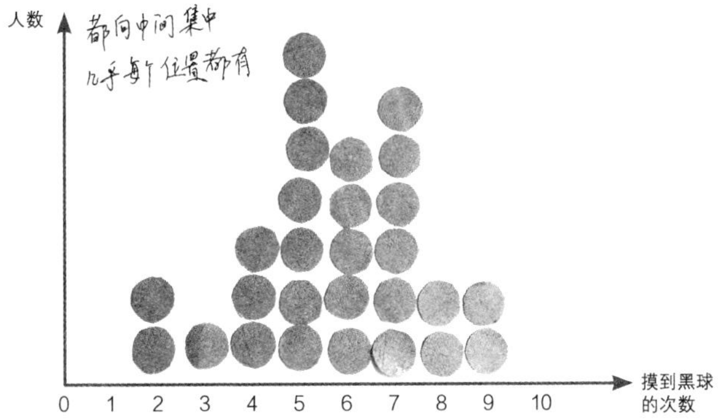

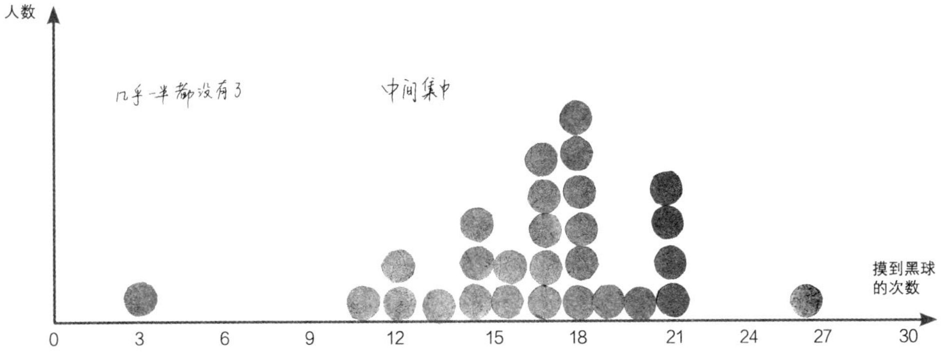

图7

生：从第二幅图上可以看出，黑球比白球的数量多一点儿，因为中间偏右的部位有很多磁力扣。

生：从整体来看，大部分集中在12到21那块儿。15是中间，它左边的完全没有右边的多。所以，我们就可以判断出黑球稍微比白球多一点儿，应该不会多太多，因为18后面也不是很多。

生：我觉得是这样的，一共摸了30次，中间这块应该是15次，如果15次左边的加起来比右边的多，说明白球可能比黑球多；反之，则说明黑球可能比白球多。

…………

生：按照这种方法，应该还是黑球比白球多的可能性大。

师：大家看第二幅图，数据集中到一个位置了吗？

生：第二幅图虽然分散，但分散在小片上，而第一幅图分散得更广一些。

师：你们发现第二幅图已经不像第一幅图那么分散了。看看这两幅图上磁力扣的分布状况，看出什么了？

生：数据越多就越集中，数据越少就越分散。

师：在数据比较少的情况下它分布得比较广，在数据比较多的情况下它也分散，但是集中到一小片了。因为时间关系，现在我们需要做出一个推断，根据这些数据，你能推断哪种球多吗？

生：我认为可能黑球多。

师：你们的想法跟他一样吗？

生：一样。

卡点处理：在对摸球10次、30次的数据进行分析之后，可以继续引导学生展开想象：如果再多一些数据，每人摸球50次，想一想，这幅图会是什么样的？那100次呢？不但要让学生再次感受大数规律性，还要让他们体会不确定性。这也有助于发展学生的推理能力，让学生感受到数据虽然会有不同的分布，但是会越来越集中。

有些学生不满足于猜测哪种颜色的球更多，还根据数据分布的特点猜测出了黑球和白球的具体数量。在学生做出推断之后，可让学生打开袋子验证猜测，让学生感受数据的力量。

五、联系生活，亲近数据

活动完成后，学生初步感受到了数据的价值，但还需要思考数据在生活中的应用价值。因此，可以引导学生思考：打开袋子看看就能知道哪种颜色的球多哪种颜色的球少，为什么非得这样摸？这样摸有意义吗？

教师要引导学生将摸球游戏蕴藏的应用价值推广到生活中。

【教学反思，看见学习成长】

在这节课上，学生经历了收集数据、整理数据、直观表达数据和分析数据的真实的统计过程，并尝试根据数据做出推断。特别是在推断不太确定的情况下，学生能够主动寻求更多的数据支持，反复经历收集、整理、直观表达和分析数据的过程，最终做出更加确定的判断。在这个过程中，学生的数据分析观念得以发展。

一、“为数字提供清晰、服众的展现方式”

在以往的教学过程中，学生亲自收集的数据被作为一个简单的“加数”汇总了，导致数据本身的价值被单一化了。在本节课中，我改变了数据的呈现方式。在分析、推断的过程中，学生能够时刻感受到自己的数据的存在，发挥每个数据应有的价值。其实，这也是在不断地帮助学生感受数据的不确定性与规律性，感受数据的力量。

二、在对比中，感受数据随机性的价值和意义

在学习过程中，学生往往能够根据最终汇总的数据进行判断。例如，摸了100次，55次黑球，45次白球，这时学生非常容易做出“黑球多”的判断，而且对这个判断有着非常大的“把握”，甚至认为就应该是这样的。对大数规律性，学生做出判断不难。如何体现随机性，本节课做了一定的探索。在将直观数据呈现出来后，学生感受到随着数据不断增加，数据越来越集中，但总有分散的数据出现。

三、未来可借助技术，使数据分析更简单、更有效

受限于技术条件，本节课仍有待完善之处，例如，数据的呈现不是很整齐，摸50次、摸100次课堂时间不允许，只能靠学生想象。如果未来可

以借助技术，让摸球活动更加高效，那么，数据分析会更简单，更有效，更利于发展学生的数据分析观念。

【专家视角，助推研究前行】

“摸球游戏”这节课教学设计的第一个亮点就是体现了大统计的观念。大统计的观念，就是每节统计课虽然有不同的重点，比如说条形统计图或者折线统计图，但都是要解决一个统计的问题。因此，要从问题出发，让学生经历统计的全过程，体会到画图是为了某个目的，需要做出决策或者做出预测，所以我们才要收集数据、整理数据、表达数据和分析数据。一开始陈俊荣老师就出示了一个需要统计才能解决的问题，让学生在不打开袋子的情况下判断里面哪种颜色的球多，哪种颜色的球少。学生立刻就认识到要通过调查研究、收集数据、分析数据才能做出推断。

本节课的第二个亮点，也是最大的亮点，就是让学生经历了两次收集数据（即两次摸球）的活动。在以往教学中，仅呈现一次汇总后的数据结果，就让学生对数据进行评价，这不利于让学生体会到只有收集足够的数据才能从中发现规律，得出更合理、更可靠的判断。而且将两次呈现的数据结果进行对比、分析，再做出推断，更有利于培养学生的数据分析观念。

不仅如此，这一教学设计还较好地考虑了把握随机性这一教学难点。从关注每个数据到关注一组数据，再到关注多组数据，教学思路比较明确，层层推进，逐步增加摸球次数，让学生对两次呈现的数据结果进行对比，充分感受数据的不确定性和规律性。

但是，这一教学设计也有值得改进的地方。比如，形成摸球规则，培养规则意识，而规则意识的培养并非本次课教学目标的核心，没有体现出教学设计中的问题意识。建议在开头让学生对获得准确结果应该摸球多少次加以讨论，不同的学生有不同的答案，再引出本次课的关键问题：摸球次数与获得数据规律性的关系。随后按照学生实际提出的不同摸球次数进行方案分类，先从摸球次数少的方案开始，其余教学过程与此教学设计类似。这样的改进可以使得整个教学更加真实，让学生在发现问题、分析问题、解决问题的过程中，达到本次课的教学目标。

>>> 点评专家：北京师范大学教授 张春莉

第四辑
综合与实践

以学生的问题引领深度学习
——“密铺”教学实践与思考

【发现问题，开启研究】

在教学中，能否由学生自主发现、提出问题？学生提出的问题能否引领深度学习？

“密铺”是北师大版四年级下册“数学好玩”板块的一个学习课题，属于“综合与实践”领域。《义务教育数学课程标准》（2011年版）明确指出：“‘综合与实践’是一类以问题为载体、以学生自主参与为主的学习活动。”它还指出，教师要放手让学生参与，启发和引导学生进入角色，组织好学生之间的合作交流，并照顾到所有的学生。这引起了我的思考：在教学中，是否可以放手让学生发现、提出问题，以学生的问题引领深度学习？

【聚焦教材，从单元视角思考】

开展以学生的问题为载体、以学生自主参与为主的学习活动，引导学生构建知识间的联系，发展学生的空间观念与问题解决能力。

“密铺”这节课最大的特点在于，学生在实践活动中综合运用所学知识解决问题，会加深对曾经学过的“零散”知识的理解，并将其结构化。

通过第一学段的学习，学生已经能够直观认识长方形、正方形、三角形、圆、平行四边形，并能够用自己的语言描述长方形和正方形的特征。通过第二学段的学习，学生能辨认长方形、正方形、三角形、平行四边形、梯形和圆，并通过观察、操作，体会到不同图形的特征。特别是通过学习四年级下册第二单元“认识三角形和四边形”（如图1所示），学生已经掌握了三角形的内角和，并在课后练习部分主动地探索了四边形的内角和，甚至将探索的经验和方法迁移到推理多边形的内角和。

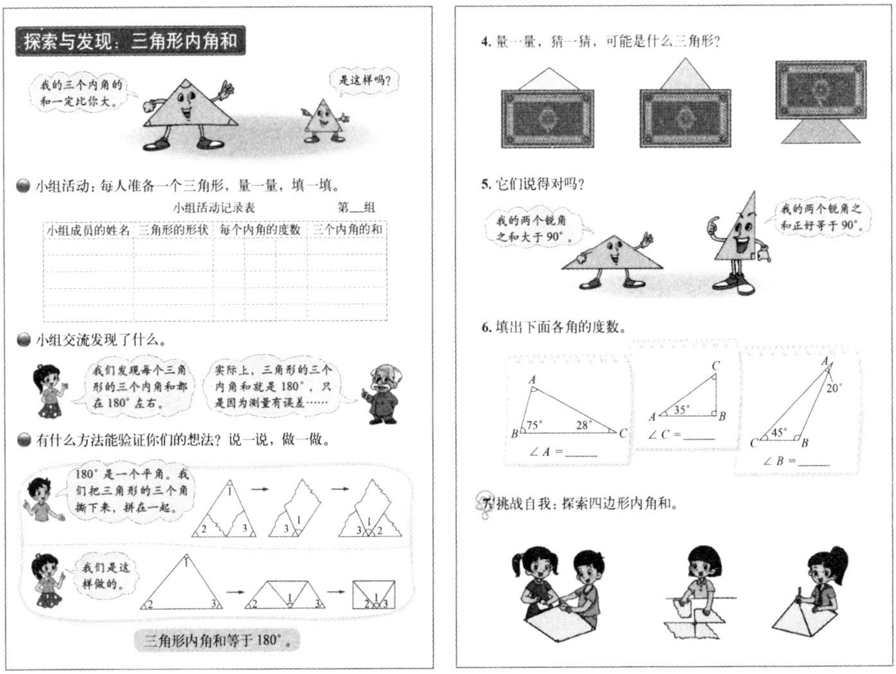

图1

简而言之，通过之前的学习，学生已经具备了探索“密铺”的知识基础和经验基础。这有利于以学生的问题为载体、以学生自主参与为主的学习活动的开展。本节课，要让学生经历发现问题、提出问题、分析问题和解决问题的全过程，引导学生构建知识间的联系，培养学生的空间观念，发展学生的应用意识。

【走近学生，发现生长可能】

在教师提供恰当的学习支持和引导的情况下，以学生发现、提出问题引领深度学习是能够实现的。

我对四年级的30名学生进行了调研，以了解学生在初步认识“密铺”的概念后，是否具备自主发现、提出问题的能力，以及提出的问题具有什么特点。

调研题目：用形状、大小完全相同的平面图形进行拼接，彼此之间不留空隙、不重叠地铺成一片，这就是平面图形的密铺（如图2所示）。关于“密铺”你还想进一步研究哪些问题？

图2

在初步了解“密铺”的概念后，学生能够提出一些值得研究的问题。学生提出的问题如下。

1. 密铺的用途是什么？

2. 密铺的来历是什么？

3. 密铺是谁发现的？

4. 是不是所有的图形都能够密铺？

5. 三角形可以密铺吗？长方形可以密铺吗？圆形可以密铺吗？普通的四边形可以密铺吗？

6. 怎样用各种图形进行密铺？

7. 密铺的图形有大小限制吗？

经统计发现，学生首次提出的绝大部分问题是这类问题。对这类问题的研究是有价值的，大部分问题也是教材中预设的研究重点。但同时，我也发现，此阶段学生提出的基本上是浅层次的问题，缺少对“为什么”的探索。

为此，我提供了一些图形及学习单（如表1所示），让学生动手操作、自主探索，以进一步提出值得研究的问题。

表1

姓名:	
可以密铺（√） 不可以密铺（×） 不确定（？）	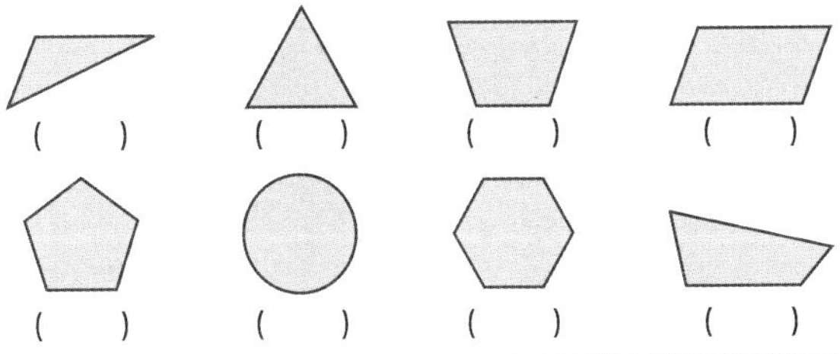
你有哪些发现?	
你还有什么问题?	

通过动手操作、自主探索，学生能解决此前提出的一些问题，如哪些图形可以密铺，哪些图形不可以密铺，而且大部分学生进一步提出了更有深度的问题，比如，“为什么有的图形可以密铺，有的图形不可以密

铺”“密铺有没有规律”等。有的学生还提出想研究密铺的排列方法。

可见，以学生发现、提出问题引领深度学习是能够实现的。

【寻找方向，明晰学习路径】

教师提供恰当的学习支持，让学生由浅入深地提出问题，用问题引领深度学习。

通过教材分析和学生调研，我发现可以以学生发现、提出问题促进深度学习发生。这就要求教师在关注知识与技能的同时，更加关注学生学习方式的养成，引导学生经历发现问题、提出问题、分析问题和解决问题的全过程。

结合以上思考，我确定了本节课的学习目标和重点、难点。

学习目标：

1. 结合“密铺”的研究主题，让学生经历发现问题、提出问题、分析问题和解决问题的全过程，积累相关的活动经验，体会问题在学习过程中的重要作用，培养问题意识。

2. 引导学生围绕问题由浅入深地自主探究，感受探究的价值和乐趣。

3. 在探索平面图形密铺的活动中，初步了解哪些图形能密铺，哪些图形不能密铺，发现密铺的规律，并提出想进一步研究的问题。

4. 学会全面、合理地评价活动的过程和方法，养成反思的习惯，提升自我认知能力。

学习重点：结合密铺的研究过程，让学生经历发现问题、提出问题、分析问题和解决问题的全过程，积累相关的活动经验，体会问题在学习过程中的重要作用，培养问题意识。

学习难点：感受发现、提出问题的价值，掌握发现、提出问题的方法。

为了实现以上学习目标，本节课我设计了六个教学环节（如图3所示）。

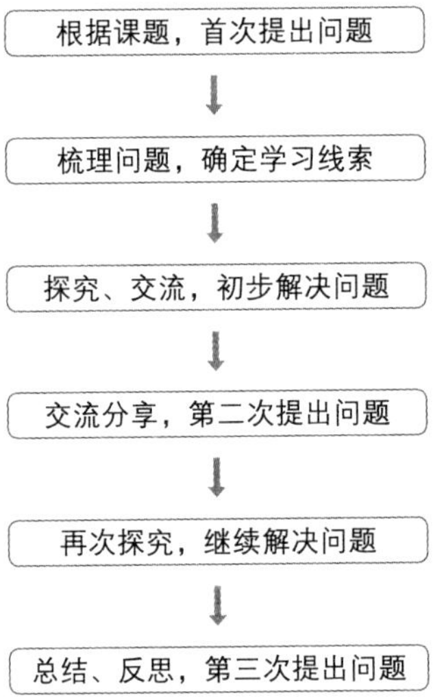

图3

环节一：呈现“密铺”的课题，引导学生根据课题发现并提出自己想研究的问题。

设计意图：引发学生思考，培养学生的问题意识，让学生体会到“问题让学习发生”。

环节二：梳理与分析学生提出的问题，确定问题研究的顺序。

设计意图：初步培养学生的研究意识，让学生体会到研究基本上是从“是什么”开始的，并学会对问题进行合并、排序等处理，确定研究或学习路径。

环节三：根据学生梳理的问题研究顺序，开展初步探索。针对不同的问题，教师提供不同的学习支持。引导学生不仅解决之前提出的问题，而且能够发现新问题。

设计意图：引导学生初步学会选择合适的方法研究问题。在研究具体问题的过程中，引导学生进行初步判断，进一步观察图形的特点，初步发展空间观念。更重要的是，要让学生体会到动手操作的价值和意义，学会带着思考去操作。

环节四：整理学生在操作过程中的新发现或遇到的新问题。

设计意图：学生通过动手操作了解到哪些图形可以密铺，哪些图形不可以密铺之后，教师激发学生的好奇心和探究欲，引导学生进一步思考，进而提出更有深度的猜测或问题。

环节五：小组讨论，确定一个要继续研究的问题，并在教师的引导下展开研究。之后全班分享研究的问题、过程与结论。

设计意图：引导学生理解密铺的规律，并通过对比与归纳，加深学生对密铺规律的认识。另外，不同小组的碰撞交流，能促使学生从不同角度进行思考，加深对密铺规律和研究过程的理解。

环节六：引导学生继续提出新问题。

设计意图：引导学生再次提出更加有深度的问题。同时，让学生体会到自己的问题能够引领深度学习。

【课堂实践，学习真实发生】

一、根据课题，首次提出问题

师：（呈现课题“密铺”）认识这两个字吗？我们今天就来学习密铺。有一位老师说过这样一句话：“问题让学习发生。”关于密铺，你们有什么问题？

生1：什么是密铺？

生2：什么图形可以密铺？

生3：密铺有什么用？

生4：密铺是谁发明的？

二、梳理问题，确定学习线索

师：同学们真了不起！看到这个课题，大家就提出了这么多非常有价值的好问题。那我们先研究哪个呢？

生：从“什么是密铺”开始研究，接着研究哪些图形可以密铺，哪些图形不可以密铺。

三、探究、交流，初步解决问题

1.研究“什么是密铺”的问题。

师：接下来，请结合自己的生活经验说一说，你认为什么是密铺。

(教师给学生准备一些正方形纸片，学生通过操作，理解什么叫无缝隙、无重叠；让一位学生到讲台上演示)

卡点处理：对“密铺”概念的理解，“无缝隙”“无重叠”是大部分学生都认同的。如何引导学生感受到密铺在满足无缝隙、无重叠的基础上，还必须可以向四面八方无限展开，这是特别关键的问题。

师：谢谢这位同学给大家演示了什么叫无缝隙、无重叠。现在我特别好奇，只要是无缝隙、无重叠，你们就可以判断它可以密铺吗?

生：不行。

师：密铺就这么一小块儿?

生：不可能。我觉得要铺出一大片才能叫密铺。

师：一大片，到底是多大一片?

生：就是许多同样的图形放在一块儿，就像地板一样。

师：到底多少?

生：我觉得应该是需要铺多少就能铺多少。比如说，你要铺地板，有可能这个地方非常大，你要铺几万块，如果更大就要铺更多。

师：他说得对。我们要考虑应用，只要你想铺，就可以无限地铺下去。你认为可以往哪个方向铺?

生：可以往任何方向铺，四面八方都可以。

师：“四面八方”，这个词用得特别形象。

(教师呈现密铺的核心特征：无缝隙、不重叠、四面八方、图形)

师：(与提出“什么是密铺”的学生交流)你觉得你的问题解决了吗?

那你为我们描述一下什么是密铺吧。感谢你提出这个问题，让我们对密铺有了更加完整的认识。

…………

2. 研究“什么图形可以密铺”的问题。

教师提出任务后，学生首先根据自己的空间想象进行初步判断，在学习单（参见第208页表1）上打钩、打叉或打问号。教师引导学生拼摆图形，动手研究哪些图形可以密铺，哪些不可以密铺。在探索过程中，学生把自己的新发现及新问题记录在学习单上。

四、交流分享，第二次提出问题

在操作活动之后，全班进行汇报交流。

在整理记录单的基础上，学生又提出了新的问题。比如，“为什么有些图形可以密铺，有些却不可以密铺”“正七边形可以密铺吗”“正八边形可以密铺吗”“多种图形可以密铺吗”等。

还有一些学生提出了很多猜测。比如，能否密铺和奇偶数边有关；能否密铺和奇偶数角有关；能够密铺的图形每个角的度数能被360度整除，能够密铺的图形各个角的和是360度；轴对称图形都可以密铺。

师：大家提出了这么多的问题和猜测！这都是源于最开始你们提出的那些有价值的问题。我们要感谢提出这些问题的同学，你们的问题使我们的学习更加深入。

五、再次探究，继续解决问题

师：这么多好问题、好发现都非常值得我们研究。你们小组内商量商量，确定一个要进一步研究的问题，而且你们还得商量一下怎么研究。确定好之后再开展研究。

（学生先讨论如何选择研究问题和研究方法，然后再动手操作，最后汇

报交流）

生：我们研究的是轴对称图形是否都可以密铺。得出的结论是，有的不可以，有的可以。

师：你们是怎么得到这个结论的？

生：我们试了正五边形，它就是轴对称图形，但它就不能密铺。

师：你上来给大家演示一下，这个就是正五边形，你铺一铺给大家看看。

生：（演示）它会出现一个缺口，贴不下去。

师：他证明了并不是所有的轴对称图形都可以密铺。是这样的吗？还有没有想补充的？

生：正六边形能密铺是因为角度正好合适，但是正五边形不行，因为它和正六边形的角度是不一样的。

师：谁能总结一下，他认为能不能密铺和什么有关？

生：和角度有关。

生：我发现正五边形的角拼在一起，形成钝角，所以正五边形不能密铺。正六边形拼成的角是周角，360度，正六边形的每个角都是120度。

师：拼成的周角？谁上来给大家指指，他说的周角到底是哪个？

生：（手指着）这个位置是周角，所以能密铺，没有一点儿缝隙。而这块（正五边形）却有一个空隙，就说明它不是一个周角，不能密铺。

师：看来密铺还真的和360度有关。其他可以密铺的图形密铺后有360度吗？大家赶紧找找。

生：大家肯定都知道正方形，四个直角都是90度，周角就是360度，所以正方形可以密铺。五边形显然不可以，因为它根本就拼不到一块儿去。（边说边演示）要是这样的话，这是一个周角，但是中间缺这么一小块儿，并不是周角，所以正五边形不能密铺。可以先把三角形拼成平行四边形，平行四边形也是可以拼成一个周角的。

师：看他这个画龙点睛之笔，把周角都圈出来了。

六、总结、反思，第三次提出问题

师：通过操作、交流，你们肯定还产生了新问题，谁来和大家分享一下？

生：我想研究的问题是，任意四边形都可以密铺吗？曲边的图形可以密铺吗？几种不同的图形能够一起密铺吗？立体图形可以密铺吗？

…………

师：又有了这么多好问题，看来问题真的可以让我们的学习不断深入！

【教学反思，看见学习成长】

本节课主要有以下特点。

一、以学生提出的问题作为学习线索

这节课研究的所有问题都是由学生自己提出的。教师的角色是引导者、协助者和合作者，提供学习支持，帮助学生将提出的问题聚焦，并引导学生解决问题。课始，让学生根据课题提问，学生提出了“什么是密铺”等问题。课中，让学生提出想进一步研究的问题，学生提出了“为什么有些图形可以密铺，有些却不可以密铺”等问题。最后，学生进一步提出问题，比如，“任意四边形都可以密铺吗”等。本节课以学生的问题引领深度学习。

二、突出“动手操作”的研究方法

本节课有几次动手操作的活动，但是引发每次操作活动的问题是不同的。学生带着不同的问题动手操作，收获自然不同。这使学生意识到动手操作是一种研究方法，在明确研究问题的基础上动手操作才会让深度学习发生。

三、学生自主学习的意识和能力得到培养

在教学过程中，学生提出了一系列问题，但由于课堂时间有限，只能解决部分问题。特别是临下课时学生再次提出更加有深度的问题，这会引发学生深入思考。课堂中，教师只是点燃学生提问、探究的火种，要鼓励学生利用课余时间开展自主研究。这就需要学生具备自主学习的意识和能力。在这节课中，学生不断发现问题、提出问题、分析问题和解决问题。在这个过程中，学生掌握了自主学习的方法，提升了自主学习的能力。

【专家视角，助推研究前行】

本节课的设计很好地呈现出“问题引领学习”的学习模型，即呈现出了一个学生发现、提出、分析和解决问题的全过程。学生在课初产生问题，在动手操作尝试解决问题的过程中不断产生新问题，这些问题又作为新一轮学习的开始。在这一过程中，学生的情感和思维深度投入、持续参与，他们不仅获得了知识，积累了经验，而且发展了关键能力，养成了良好的品格。

一、发现和提出问题，促进学生思维品质的提升

学生围绕“密铺”，不断发现和提出问题。在这一过程中，学生的思考逐渐深入。观察学生在这节课中发现和提出的一些问题（如图4所示），我们不难发现，一开始面对“密铺”这个陌生的词语，学生由原始好奇引发的疑问是浅层次的。随着学习的推进，在动手操作和深度思考、交流之后，学生的问题不仅有了广度，更有了深度。

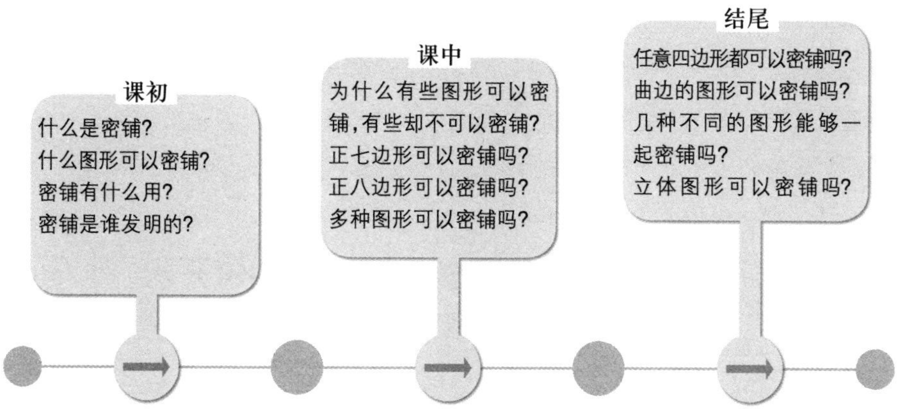

图4

二、分析和解决问题，深化学生对概念的理解

在学生提出问题之后，陈俊荣老师鼓励学生自主探索。陈老师精心设计了动手操作活动，学生在观察、操作、对比与归纳中，加深了对密铺规律的认识，深化了对“密铺”概念的理解。同时，动手操作也是学生想象、推理和判断的基础。

>>> 点评专家：北京市海淀区教师进修学校小学数学教研室主任　孙京红

改变学生的思维方式，从鼓励尝试开始

——“尝试与猜测”教学实践与思考

【发现问题，开启研究】

尝试法与假设法，你会选择哪一种？

鸡兔同笼问题源于一个古代趣题，它在不同版本的教材中都有涉及，也是奥数教材中必有的一个章节。其中，人教版教材呈现了列表尝试、列式假设、列方程这三种策略；苏教版教材呈现了用直观图尝试、从中间列表尝试这两种策略；北师大版教材只呈现了列表尝试这一种策略。由此可见，三个版本的教材都关注了尝试的方法，而在奥数教学中最常用的方法是假设法。在校外学习过奥数的学生，面对尝试的方法，往往说：“这种方法太麻烦了。”你是如何看待“虽然麻烦，但简单易懂，作为通则通法的尝试法”和“虽然巧妙，但晦涩难懂，时间一长就很容易忘掉的假设法”的，教学中你会选择哪种方法？

【聚焦教材，从单元视角思考】

尝试是一种解决问题的策略，更是一种思维方式。

“尝试与猜测”一课属于“综合与实践”领域，重在培养学生的基本思想和基本活动经验，让学生经历“从头到尾”想问题的过程。《新版课程标准解析与教学指导：小学数学》对数学活动经验做了解释：数学活动经验并不仅仅是解题的经验，更重要的是思维的经验，是在数学活动中思考的经验。获得数学活动经验，最重要的是积累“发现问题、提出问题”的经验，以及“分析问题、解决问题”的经验[①]。

一、列表尝试、画图、列式假设虽然表示形式不同，但本质是一致的

北师大版、苏教版、人教版教材，虽然都有这一学习内容，但是所选用的解决问题的策略却不相同（如表1所示）。

表1

	北师大版	苏教版	人教版
学习载体	鸡兔同笼	租船	鸡兔同笼
解决问题的策略	列表尝试	画图、列表尝试	列表尝试、列式假设、列方程
教学重点	尝试的过程	解决问题策略的多样化	

不难发现，三个版本的教材都是以学生熟悉的生活素材或古代趣题为载体，让学生经历探究的过程，自主地选用适当的方法解决问题。其中，列表尝试这种方法在三个版本的教材中都有涉及。列表尝试、画图、列式假设这三种方法虽然表示形式不同，但是解决问题的本质是一致的，都是通过尝试与猜测来解决问题（如图1所示）。

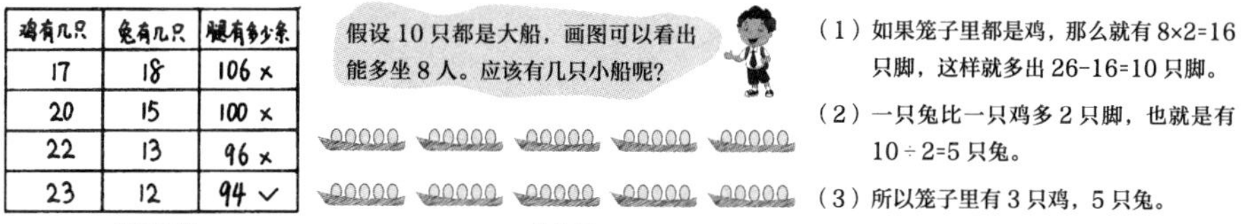

北师大版　　苏教版　　人教版

图1

① 王光明，范文贵. 新版课程标准解析与教学指导：小学数学 [M]. 北京：北京师范大学出版社，2019：36.

二、“尝试与猜测”是一种思维方式

“尝试与猜测”是以鸡兔同笼的问题为载体，让学生经历猜测、尝试、不断调整的过程，从而解决问题的一种策略。小学数学问题解决的一般策略如下：尝试和检验，画图，实际操作，找规律，列表，从简单情况入手，整理数据，从相反的方向去思考，列方程，逻辑推理，改变观点等①。在以往的学习中，学生已经积累了一些解决问题的经验，掌握了一些解决问题的策略（如图2所示）。

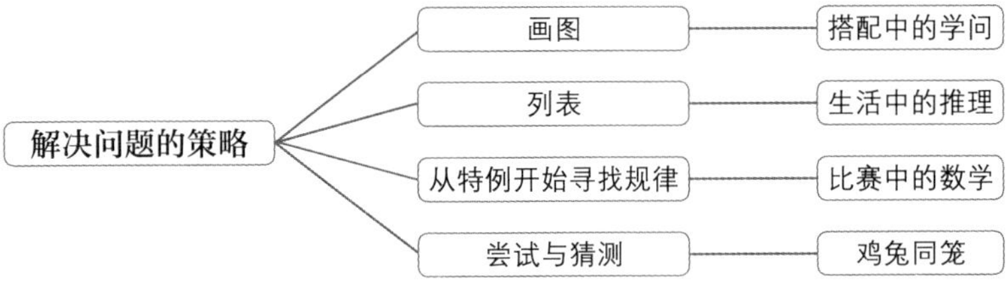

图2

本课中，尝试与猜测的策略与以往的策略不同。以往的问题，学生往往可以借助列式计算直接解决。鸡兔同笼这类问题，学生很难直观、清晰地梳理出内部关系进而直接答题，只有通过猜测、尝试、不断调整才会逐渐趋近于答案，最终找到答案。“尝试与猜测”是一种思维方式，这种思维方式学生之前很少涉及。

【走近学生，发现生长可能】

虽然没有正确地解决问题，但是在这一过程中学生可以提取有价值的信息。

为了解目前学生对鸡兔同笼问题的认知水平以及学习中可能会遇到

① 王艳玲.小学生数学问题解决的表现及影响因素的研究[D].长春：东北师范大学，2017：46.

的困难，我设计了两个情境不同但内部结构相同的题目进行调研（如表2所示）。

表2

调研题目	调研意图
1. 笼子里有若干只鸡和兔，共有 12 个头，32 只脚，鸡、兔各有几只?	了解学生对鸡兔同笼问题的解答情况。
2. 商店里的铅笔每支 1.5 元，钢笔每支 2 元。明明买了铅笔、钢笔共 10 支，花了 18 元。铅笔、钢笔各买了几支?	了解学生对鸡兔同笼同类型问题的解答情况。

对第一题，采用假设法的学生占到总数的38.9%。欣喜的同时我也在思考，这反映了学生真正的思维水平吗？学生真正理解这种方法吗？这是否和学生课外班的学习有直接关系？于是，我将鸡兔同笼的情境改成了同结构的买笔的情境，将整数换成小数，对同一个班级的学生进行第二次调研。调研结果如表3所示。

表3

	假设法		尝试		画图		部分列式		没有想法		正确率
第一题	21 人	38.9%	3 人	5.6%	4 人	7.4%	19 人	35.2%	7 人	13.0%	48.1%
第二题	13 人	24.1%	8 人	14.8%	2 人	3.7%	28 人	51.9%	3 人	5.6%	33.3%

随着调研题目的变化，学生选用的方法也发生了变化。

第一，用尝试法的学生由原来的5.6%增长到14.8%，这一改变源于学生的真实需求。

第二，能够独立、正确解决问题的人数减少，特别是选择假设法的学生由原来的38.9%减少到24.1%。还有部分学生列出了算式（如图3所示），想采用鸡兔同笼问题的假设法，但是又不理解其中的道理，因此不能正确解答。从中可以看出，部分学生并没有真正理解解题方法，因此不能将其迁移到同类型问题的解答中。

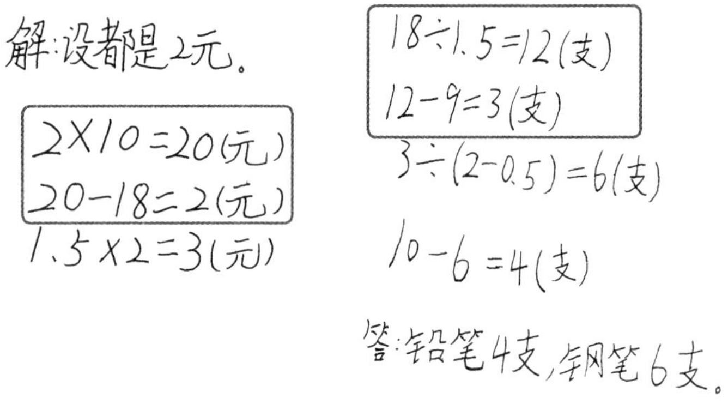

图3

第三，51.9%的学生根据以往的学习经验，列出了部分算式（部分学生所列算式如图4所示）。他们用原来的解题思路解答新的题目，但是在解题过程中遇到了困难。

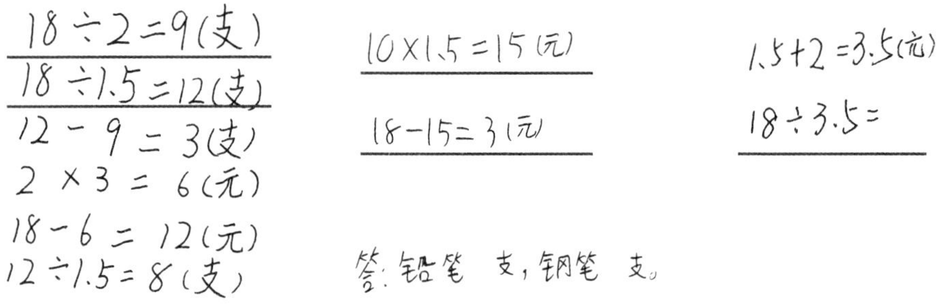

图4

面对学习困难，学生往往处于束手无策的状态。后续，我问这部分学生：“这些算式你能看懂吗？哪些是有价值的信息？再来说一说，它难在哪儿？现在你有解决方法了吗？”

学生逐渐发现了解决问题的基本思路——了解题目的结构特点，最终选择了尝试的方法。其实，无论是科学家还是工人，解决新问题时，往往是从尝试开始的。因此，引导学生运用尝试的方法，实际上就是在发展学生解决实际问题的能力。在这个过程中，学生经历了“从头到尾”完整地想问题的过程，完成了从“接受式学习”向“发现式学习”的转变；改变了原有的思维方式，积累了活动经验，也养成了反思、质疑的良好学习习惯。

【寻找方向，明晰学习路径】

让学生辨析错误算式，获取有效信息，改变思维方式。

基于教材分析和学生调研，我产生了这样的想法：对古代数学文化的素材，很多学生已经失去了新鲜感、挑战欲，我们要在不改变题目结构的基础上，创设学生感兴趣的、有挑战性的、真实的学习任务。学生在用原有的思维方式解决问题时，会遇到困难，暴露问题。此时，教师要提供学具让学生摆一摆，引导学生自己去体验、感悟、思考。在解决问题的过程中，学生既改变了思维方式，又改变了等待甚至放弃等消极的态度。

结合上面的思考，我确定了本节课的学习目标和学习重点、难点。

学习目标：

1. 选取与“鸡兔同笼”同结构的题目，让学生经历猜测、尝试、不断调整的过程，掌握解决问题的一种策略——尝试，掌握各种方法的本质特征，沟通它们之间的联系。

2. 面对学习困难，借助已有知识分析原因，经历寻找方法的过程，理解选用尝试法的原因，真正认同这种解决问题的策略及其价值。

3. 在交流与研究的过程中，丰富解决问题的思维方式。

4. 培养不怕困难、勇于探索和尝试以及积极主动等良好的学习品质，增强学习自信心。

学习重点：让学生经历猜测、尝试、不断调整的过程，掌握解决问题的一种策略——尝试。

学习难点：丰富解决问题的思维方式。

为了实现以上学习目标，本节课我设计了五个教学环节（如图5所示）。

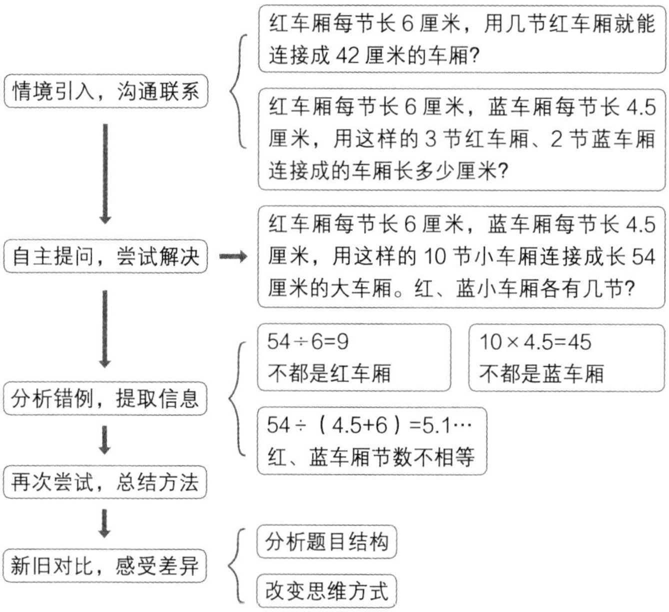

图5

环节一：教师呈现两个简单的数学问题让学生独立完成，学生用原有的思维方式就能轻松解答。教师借助直观图帮助学生理解其中的数量关系。

设计意图：复习已学知识，感受以往解决问题的思维方式，加深学生对乘法、除法意义的理解。

环节二：教师呈现学生感兴趣的与“鸡兔同笼”同结构的数学信息，让学生发现、提出数学问题，并尝试独立解决问题。

设计意图：培养学生的问题意识，让学生感受学习数学的价值。

环节三：学生在解决问题的过程中会遇到困难，教师适时干预，暴露学生的困难和问题，引导学生分析错例，理解每个算式的含义等。

设计意图：让学生分析算式，提取算式中有价值的信息，体会题目的结构特点，积累活动经验，提高解决问题的积极性。

环节四：教师再一次让学生独立解决问题，然后全班交流分享解题方法。学生通过对比理解“尝试”策略的本质。

设计意图：学生在交流与分析的过程中掌握解决问题的方法，明确尝试法的特点和表达形式。

环节五：比较两次解决问题的过程与方法，让学生感受差异。

设计意图：通过对比，让学生体会尝试法的独特性，培养善于反思的良好学习习惯。

【课堂实践，学习真实发生】

一、情境引入，沟通联系

教师出示学生熟悉的、数量关系比较清晰的两个数学问题，让学生解答。

问题一：红车厢每节长6厘米，用几节红车厢就能连接成42厘米的车厢？

问题二：红车厢每节长6厘米，蓝车厢每节长4.5厘米，用这样的3节红车厢、2节蓝车厢连接成的车厢长多少厘米？

先让学生独立思考，再全班交流分享。教师出示直观图（如图6所示），帮助学生理解其中的数量关系。

图6

二、自主提问，尝试解决

教师出示“红车厢每节长6厘米，蓝车厢每节长4.5厘米，用这样的10

节小车厢连接成长54厘米的大车厢”（如图7所示）。

图7

1. 让学生默读，理解含义，并提出一个数学问题。学生提问、交流之后，师生共同确定研究的问题：红、蓝小车厢各有几节？

2. 让学生用自己的话说一说这个问题是什么意思。学生结合教师提供的学具，边演示边阐述题意。

3. 让学生思考解题办法，并把解题方法写在答题纸上。

三、分析错例，提取信息

1. 适时干预，暴露困难。

学生尝试独立解决问题，有部分学生没有找到解决问题的方法。教师适时干预，暴露学生的问题和困难。

师：有些学生已经完成了，还有些学生依然没有找到解决问题的办法，你们遇到什么困难了？

生：不知道怎么解决。

生：找不到方法。

也有可能学生既不会解答又说不出原因，导致课堂上鸦雀无声。教师可以鼓励学生勇敢说出自己的困难，这也是发展学生元认知的一种教学尝试。

2. 读懂算式，提取信息。

（1）呈现算式，让学生尝试理解并给出建议。

教师先巡视，然后将一些学生的算式呈现在黑板上。有些学生虽然没有解决问题，但是有了一点儿想法。

算式一：$54 \div 4.5 = 12$

算式二：$54 \div 6 = 9$

算式三：$54 \div (4.5 + 6) = 5.1\cdots$

算式四：$10 \times 6 = 60$

算式五：$10 \times 4.5 = 45$

教师提出活动要求：认真观察算式，你能读懂每一个算式的含义吗？你有什么建议？

（2）全班分享交流。

让学生讨论第一个算式：54 ÷ 4.5=12，说一说自己的理解和建议。在这个过程中，教师引导学生边用学具演示，边解释算式的含义。

生：都用4.5厘米的蓝车厢，需要12节才能连成54厘米的车厢。

生：我同意他的解释。我补充一下：他是把6厘米的红车厢都看成4.5厘米的蓝车厢，这样就需要12节。

师：有道理！

生：不行，题目中说只有10节车厢，而你现在需要12节蓝车厢，没那么多。

师：他说只有10节，那我们看看题目中是不是这么说的，同意吗？

生：同意。

师：看来这样只满足了54厘米这个长度条件，并没有满足10节这个条件。认真观察这个算式，12节这样的蓝车厢，才能连接成54厘米的车厢。

生：里头有红车厢，否则肯定不行。

生：假如是12节的话，就不满足10节的条件了，就需要减少车厢数量。红车厢比蓝车厢要长，必须去掉一些蓝车厢，换上一些红车厢。

师：需要去掉几节蓝车厢，换上几节红车厢呢？

生：我们需要试一试，这样就能解决问题了。

师：同学们写的算式，虽然没有把问题解决，但是提供了这么有价值的信息，还帮我们找到了解决问题的办法。其他几个算式又是什么意思呢？你是不是也能够从中得到一些有价值的信息呢？

对其他几个算式，学生进行了分析、交流，并达成了一致意见。

54÷6=9，只满足长度，但不满足节数，表明不都是红车厢。

10×6=60，只满足节数，但不满足长度，表明不都是红车厢。

10×4.5=45，只满足节数，但不满足长度，表明不都是蓝车厢。

对算式“54÷（4.5+6）=5.1…”，学生交流如下。

生：把一个蓝车厢和一个红车厢看成一组，一组一组地连起来，5组还不够。

生：5组就是蓝车厢、红车厢各5节，还不能连成54厘米的车厢。

师：你到前面摆一摆。

生：5组还差一点儿。

生：说明红车厢、蓝车厢数量不能相等。

生：最好把一节蓝车厢换成红车厢。

师：为什么要这样换？

生：红车厢比蓝车厢要长，5节红车厢加上5节蓝车厢都不够54厘米，还要满足10节这个条件，就只能把短的换成长的了。

师：他的观察能力很强，想通过调整来解决问题。

3. 总结整理，提炼方法。

分别解读五个算式之后，教师引导学生进行总结和提炼：“别小看这些不起眼的算式，经过分析它们的价值可不小。你有什么收获？”

卡点处理：在课前调研中我发现部分学生已经会用假设法列算式解决问题，他们可能觉得尝试法太麻烦。教师要关注这部分学生，给他们提供通过动手操作探究算式含义的机会，让他们一同加入全班的讨论中，从而真正理解尝试法。如果个别学生仍然没有解决问题的方法，教师不必明确给出解决问题的办法，应留给学生一些思考的空间。

四、再次尝试，总结方法

通过前面的分析，学生得到了许多重要的数学信息：既不都是红车厢，也不都是蓝车厢，两种车厢数量还不相等。

1. 教师布置任务：“这一次有办法了吗？把你的方法写出来。”

2. 全班再次交流想法。

教师展示四名学生的解题方法（如图8所示），让学生讨论和研究。

（1）独立思考：每一种方法是什么意思？

（2）这些方法之间有什么联系？

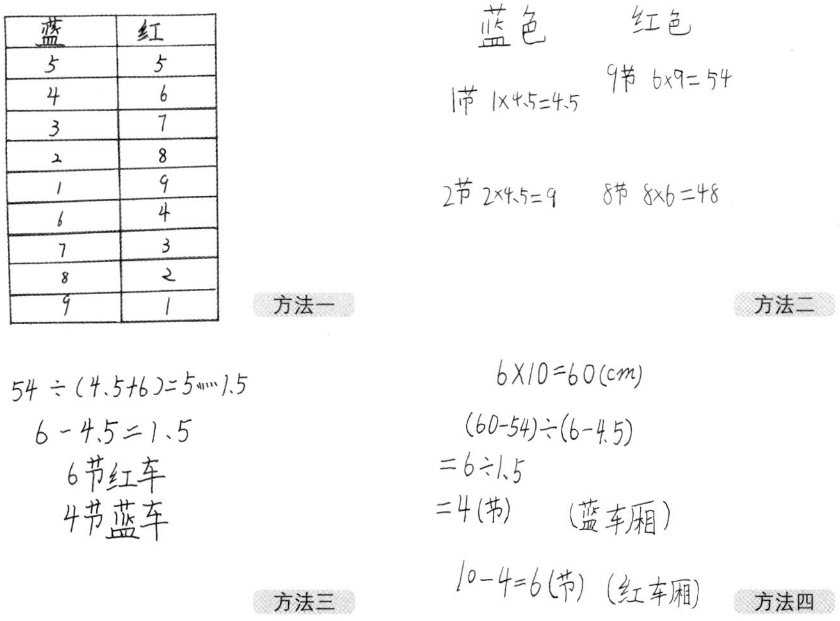

图8

交流方法二时，师生间的对话如下。

生：这种方法是一个一个试的。

师：试也能把问题解决吗?

生：能。因为一共有10节车厢，我就从1节蓝车厢、9节红车厢试起，这样不行。2节蓝车厢、8节红车厢，也不行。

师：蓝车厢2节，红车厢就一定是8节吗?

生：因为题目说一共有10节，2+8=10。

师：你们觉得这样试一定能得出结果吗?

生：能。

师：答案是多少?

生：4节蓝车厢和6节红车厢。

师：你是怎么想到这样尝试的？前面哪个算式给你启发了？

…………

讨论方法四时，学生可能会直接说假设法。部分学生理解起来比较困难，教师可要求学生边演示边解说，经历猜测、尝试、不断调整的过程。

全班还交流、总结了这几种方法的相同点和不同点。

师：通过交流，大家理解了每一种方法的含义，这些方法有什么相同点和不同点?

生：有的是用算式来解答的，有的是用表格来解答的。

师：不同学生的表达方式是不一样的。

…………

生：使用的方法是一样的，都是试一试。

生：我也同意。但是他们有的是从红车厢开始试，有的是从蓝车厢开始试。

师：结合每一种方法，你具体说一说。

生：方法一和方法三都是从5节蓝车厢、5节红车厢开始尝试的；方法二是从1节蓝车厢和9节红车厢开始尝试的；方法四是从10节红车厢和0节蓝车厢开始尝试的。

师：你观察得很细致，他们尝试的起点不同。

五、新旧对比，感受差异

教师把课始呈现的学生熟悉的问题和今天新解决的问题放在一起，让学生进行对比，感受解决策略的不同。

教师连续追问：

1. 我们回过头再看这个问题。它难在哪儿？和你们熟悉的问题有什么不同？

2. 对这样的问题，你们采取什么方法解决？

3. 你们觉得尝试法好吗？

生：我觉得挺好的，它能帮助我们解决问题。

生：太麻烦了。如果数太大，要试好长时间。

生：虽然有些麻烦，但这也是一种方法，会总比不会好。

生：你要一个一个地试，肯定麻烦，你可以跳着尝试呀，这样就快了。

学生在讨论中加深了对尝试法的理解。

【教学反思，看见学习成长】

一、从“接受式学习”向“发现式学习”转变

课堂中一些学生遇到了困难，我没有让做对的学生直接展示自己的方法，而给学生提供了错误算式和学具等，让学生自己去操作、体验、感悟。在交流与讨论中，学生感受到错误算式的价值，提取出能帮助我们解决问题的有效信息，最终找到了解决问题的不同方法。学生经历了由“接受式学习”向“发现式学习”的转变。在这一过程中，他们不但掌握了方法，而且养成了敢于探索、善于反思等良好的学习习惯。

二、由“学习解题策略”向“改变思维方式”转变

学生往往习惯于根据数量关系把两个相关的条件，通过加、减、乘、除列式计算求出第三个量，有些学生甚至认为列式计算是解决问题的唯一途径。面对鸡兔同笼问题，一些学生仍采用列式计算的方法来解决，却遇到了困难。这时，教师可以将尝试法直接教给学生，或者暗示他们采用尝试法。但是，一些学生获取的可能只是技巧，没有真正理解这种思维方式。

面对这样的问题，我引导学生将新旧问题进行对比，分析问题的结构特点，明确解决问题的策略。在这个过程中，学生从“不敢尝试”到“大胆尝试”，改变了原有的思维方式。相信学生今后会根据问题的特点选择相应的方法解决问题。

三、由“解答数学题”向“解决问题”转变

关于问题解决过程，《义务教育数学课程标准》（2011年版）提出：（1）初步学会从数学的角度发现问题和提出问题，综合运用数学知识解决简单的实际问题，增强应用意识，提高实践能力；（2）获得分析问题和解决问题的一些基本方法，体验解决问题方法的多样性，发展创新意识；（3）学会与他人合作交流；（4）初步形成评价与反思的意识。可以看出，问题解决不是单纯的数学题解答，包括提出数学问题、建立数学模型、寻找解决问题的策略、制订解决问题的计划、实施解决方案、回顾解决问题的过程等一系列环节。

课堂上，我和学生一起经历了提出问题、提取信息、解决问题、对比反思等整个过程。学生不仅丰富了解决问题的策略，而且感受到了合作、交流的力量，发展了反思的意识和实践能力等。

经过本节课的学习，多数学生已经感受到尝试法的神奇。虽然有些早就学会假设法的学生依然会认为尝试法比较麻烦，持不喜欢的态度，对此，教师不必强求，可让他们在后续的学习中慢慢接受。

【专家视角，助推研究前行】

“尝试与猜测”这节课，第一个亮点是陈俊荣老师在课前不仅横向分析了三个版本的教材对鸡兔同笼问题的编排及其意义，还纵向分析了学生在各阶段已经学过的解决问题策略，从而确立本节课的教学重点——尝试与猜测。与此同时，陈老师还注意建立了该解决问题策略与已学策略（画图、列表、从特例开始寻找规律）之间的联系。

这节课的第二个亮点是陈老师通过课前调研，在充分的学情分析基础上，准确定位了学生的已有水平以及困惑。为此，陈老师在教学中创造性地使用教材，让学生经历完整的“从头到尾”想问题、“体验式学习”的过程，让学生在解决问题的过程中，积累活动经验，并注重对学生思维习惯以及反思、质疑等良好学习习惯的培养。

值得探讨的是，文中指出，三种方法（列表尝试、画图、列式假设）形式不同，但解决问题的本质是一致的，即尝试。尝试只是揭示了学生在解决问题中的一种活动或者行为倾向，并不是问题解决的本质。

什么是问题解决的本质？要回答这个问题，首先要思考问题的本质是什么。无论是传统鸡兔同笼问题，还是改编后的问题，其本质是：在给出的已知条件中，有两个条件同时与两个未知量有关，也就是未知量要同时满足两个条件，该如何求解或找到这两个未知量。

那么，解决问题的关键在于，如何同时满足这两个条件。显而易见，可采用分步达成的策略，即先符合其中一个条件（较容易达成的），在此基础上，满足第二个条件。如何满足第一个条件？假设。列表法的“逐一列举”“间隔列举”“从中间列举”或其他列举方法，画图法的先都画鸡（兔），列式假设的先假设都是鸡（兔），都可以看作利用“假设”满足第一个条件。在假设的基础上，发现结果不符合第二个条件，就进入下一个环节，通过“调整”满足第二个条件。“调整”时又涉及“调整方向”判断的问题，即增或减的问题，以及如何在满足第一个条件的基础上增或减的问题等。

学习解决问题策略的“尝试—猜测”，应揭示为何及如何尝试、猜测，区别无序尝试、随意猜测，这样学生日后在不同情境中也能迁移使用该问题解决的策略。

>>> 点评专家：北京师范大学教授 张春莉

图书在版编目（CIP）数据

我用数学教素养：教学设计12例 / 陈俊荣著. —北京：中国人民大学出版社，2020.6

ISBN 978-7-300-28213-8

Ⅰ. ①我… Ⅱ. ①陈… Ⅲ. ①小学数学课—教学设计 ②小学数学课—教案（教育） Ⅳ. ①G623.502

中国版本图书馆 CIP 数据核字（2020）第 098599 号

我用数学教素养：教学设计12例
陈俊荣　著
Wo Yong Shuxue Jiao Suyang: Jiaoxue Sheji 12 Li

出版发行	中国人民大学出版社		
社　　址	北京中关村大街31号	**邮政编码**	100080
电　　话	010－62511242（总编室）		010－62511770（质管部）
	010－82501766（邮购部）		010－62514148（门市部）
	010－62515195（发行公司）		010－62515275（盗版举报）
网　　址	http://www.crup.com.cn		
经　　销	新华书店		
印　　刷	北京华宇信诺印刷有限公司		
开　　本	168 mm × 239 mm　16 开本	**版　　次**	2020 年 6 月第 1 版
印　　张	15　插页 1	**印　　次**	2021 年 12 月第 2 次印刷
字　　数	220 000	**定　　价**	68.00 元